研读本书，你可以对营销中所犯的错误有较深刻的认识，成功避开销售中的陷阱与雷区，掌握避免低级错误的方法，并将头脑中的感性认识理性化，最终转化成自己的营销经验和技巧。

U0797420

别输在不懂营销上

戈非 / 著

线装书局

虚张声势的魔鬼，并没有想象中的可怕，
只因你蹲在地上，才会认为它很高大。
当你站起来，就可以平视它；
走上去，你就可以轻而易举地打倒它。

不要单纯地从表面去了解一个人，要学会走进他的内心，探究他的真实想法，这样才能知己知彼，达到你的目的。

自信不但可以让你的生活充满活力和动力，

还会感染到其他的人，从而获得更多的资源。

前言

营销，虽然以其独具一格的魅力和光明前景吸引了越来越多的优秀人才投身其中，但并非每个推销员都能获得成功。在这个竞争激烈的领域里，无论是一位久经沙场的老销售员，还是一位初出茅庐的新手，都会或多或少地碰到一些难题，遇到一些困惑，都会在不知不觉中犯一些错误，或是用了错误的方法，或是说了错话……总之，由于一时的疏忽，前功尽弃，最终徒劳无获。

毫无疑问，每个推销员都想迅速拥有自己的客户，迅速掌握推销的技巧，顺利完成推销的各个环节，为客户提供优质的售后服务，以优异的推销业绩来展示自己的推销才能。那么，到底该怎么做才能避免营销中的错误、提高销售技巧呢？正所谓成功的推销无定式，没有一个固定的模式，也没有一种固定的策略，全靠推销员以自己的技巧统筹全局，随机应变。虽然推销成功无定式，但失败的推销却是可以总结的。本书基于此点，为你揭示营销失败的种种原因，指出营销中的陷阱，为你提出警示，指导你一步一步地走向成功。

本书指出了营销中最可能犯的错误，每一个错误都非常具有代表性，是从多个推销员的实践中总结出来的，具有典型意义。本书按照推销的进程来安排顺序，从塑造推销员的基本素质说开去，将接近客户、寻找和开发客户、产品介绍、说服沟通、再次拜访和持续销售、缔结合同、客户服务、营销策略等每一个环节中最可能犯的错误毫无遗漏地展示给读者，使推销人员在推销的各个环节中都能够避免此类错误。

本书的每个小节都由“营销事典”“深入分析”“正确做法”“顶尖诀窍”“妙语点评”几个部分组成。“营销事典”介绍了一些典型的失败的营销案例，生动翔实，抛砖引玉。“深入分析”是针对案例作的详细解说和分析，读后会让人恍然大悟，对于营销员常犯的错误会有更深的体会。“正确做法”告诉推销员应该怎样做才能避免错误，让自己在正确的基础上做得较好、更好、最好。“顶尖诀窍”对一些简单易行的做法和营销思维做了一句话的“点睛”，或是提出忠告，或是给出方法，使人可以从中一窥营销中的经验教训。“妙语点评”则运用精辟的言辞给全文做了一个总结。

你可以拿这本书作为你成功推销生涯的开始和指导，也可以拿着这些案例与你的推销方法、技巧进行比较，找出你出现错误的原因。研读本书，你可以对营销中所犯的错误有较深刻的认识，成功避开销售中的陷阱与雷区，掌握避免低级错误的方法，并将头脑中的感性认识理性化，最终转化成自己的营销经验和技巧。

营销是一个需要不断创新的行业，不欢迎因循守旧的人，因此，你在理解和把握这些策略时，要以适用性为原则去操作。希望这本书能够让你从中吸取经验教训，有效避免营销中的陷阱和错误，走向辉煌的成功。

目录

| 第一章 |

在推销心态和心理准备上可能犯的错误

| 第二章 |
在寻找和开发客户时可能犯的错误

| 第三章 |
在产品介绍展示中可能犯的错误

| 第四章 |
在客户服务中可能犯的错误

| 第五章 |
在营销策略上最可能犯的错误

| 第七章 |

在电话营销中最可能犯的错误

| 第一章 |

在推销心态和心理准备上可能犯的错误

对拜访客户心生畏惧

你的营销生涯是从你一次又一次拜访客户开始的，所以，不要害怕去见客户。

营销事典

一位资深专家受托为一家知名企业打造一支优秀的推销团队，目标是将他们现有的预算软件的销售额再提高一个层次，同时市场占有率也能随之上升。

第一个礼拜，专家请销售代表们上门逐家拜访客户，给他们订下了每日拜访目标，挂起了排行榜，大家都兴致高昂地开始了他们的推销之旅。结果到第三天时，销售代表们的热情骤然降温，每日拜访次数开始下降，每个人都开始寻找理由少出门，就是出门，回来后在业务表上总是以“拜访未遇”作结论。他们已经被客户的拒绝所征服，甚至开始不愿意出门！

专家便问：“小伙子们，怎么了？一下子都没了劲头了？”

听听他们的回答：

“第一天，我站在客户公司所在的那幢大楼外的人行道上，不知道该怎么去做，更不知道能不能推销出去。第二天，我还是……”

“我昨天到了 ×× 公司门口，又被门卫挡在外边。任我怎么说，他也不肯放我进去，更不用说见彼得先生的面了，真让我失望。”

“我运气倒比较好，见到了玛丽女士。可是我刚一开口，她就说她忙，让我别再打扰她了。结果我第二次到了她的公司，就没有了敲门的勇气。”

毫无疑问，这是正常的心理反应。心理医生常常通过电击来纠正有心理疾患的患者。当患者出现需要被纠正的行为时，就会被电击，自然是不舒服的，于是形成条件反射，待该行为再度发生时，电击的感觉出现，于是行为被自觉终止了。当被客户拒绝时，我们遭遇了“电击”，会将之与我们的销售行为（如上门拜访）联系起来，多次重复这种感觉后，自然就会畏惧打电话、登门拜访。因此，一个推销员最主要的障碍几乎 80% 来自心理因素，而这当中最常见的问题就是被客户拒绝而产生的恐惧。

深入分析

案例中所说的就是推销初期最容易产生的一种畏惧心态。

简单地说，害怕被拒绝，事实上就是害怕客户对他说“不”这个字：我们害怕客户对我们说“不”，我们害怕客户说他没有钱、没有时间、对产品不感兴趣……

根据统计，80% 销售行为的最后结果都是客户的“不”这个字。你害怕客户对你说“不”，那么你害怕自己能够挣更多的钱吗？你害怕自己的事业成功吗？你如果不能克服这种恐惧，也就不可能提高收入，事业也不可能成功。

大部分的推销员没有办法接受客户的拒绝。依照经验，一个新从业的推销员最容易“阵亡”的时间就是他进入销售行业的前 90 天。若一个新从业的推销员不能在开始工作的 90 天之内掌握充分的产品知识、建立起他的基础客户群、提高销售能力及技巧，以及建立完好的自我形象和自信心、克服被拒绝的恐惧，那么他就会在 90 天之内离开这个行业。所以，这 90 天对一个新从业的推销员来说是非常关键的，而这当中最关键的一种能力的提高，就是对失败以及对于被拒绝恐惧的解除。如果我们能够解除被客户拒绝的恐惧，那么，这世界上每一个人都能成为优秀、杰出的推销员。

正确做法

1. 作好失败的准备

新从业的推销员一想到可能会失败，往往会停滞不前。这很可能是患了“失败恐惧症”，而“失败恐惧症”又会引起“访问恐惧症”。你要对自己说，最初当然不顺利，反复去做就会变得顺利。反复实践是走上顺利的唯一方法，即所谓反复 10 次能够记住，反复 100 次能够学会，反复 10000 次，就变成职业高手了。

推销员在开始推销时，往往会认为一开始就会顺利，抱着甜美的希望想着：“但愿……”结果，很容易因大失所望而深受打击。所以，应该经常对自己说：“开始一定是不顺利的，唯有不断反复，才会变得顺利。”

2. 肯定自我价值

大部分的情况下，当客户说“不”的时候，他并没有否定你这个人，也并不表示你这个人没有能力，只是表示你还没有完全解除他对购买这种产品的抗拒以及对于购买你的产品可能是一个错误的决定的恐惧。害怕客户的拒绝是缺乏行动力和拖延的最大根源。

3. 树立自信心

害怕被客户拒绝也和你的自信心有绝对的关系，你的自信心越强，对被客户拒绝的恐惧就越小。作为一名推销员，你必须从以下两方面着手来培养自己的自信心：

（1）确信你的工作对客户有贡献。化妆品的企业主相信他能带给人们美丽，从而建立全球性的企业。IBM（国际商用机器公司）

相信它对客户的贡献在于替客户解决问题，从而成为世界上最大的信息处理公司。作为一位专业的推销员，第一个信念就是：确信我能提供对客户有意义的贡献。如果你的心中没有这种信念，你是无法成为一流的推销员的。

顶尖诀窍

磨炼坚强的意志力，树立最终获胜的信心。

（2）积极与热忱。你的第二个信念是只要你做一天的推销员，积极与热忱就是你的本能。本能是一种自然的反应，是不打折扣的，是不需要理由的。积极与热忱是会感染的，你不但能将积极、热忱传播给你的客户，同时也能将你此刻的积极与热忱传染给下一刻的你。因此，每天早上起来的第一件事就是要告诉自己：积极、热忱！

4. 磨炼意志力

通常，推销员进行随机拜访时，要面对 50 次以上的“不需要”“没预算”“不喜欢”“太贵”的拒绝，才会产生一个有希望的客户，你若是没有坚强的意志，是很容易被击垮的。

5. 转换定义

克服对于失败及被拒绝的恐惧的另一个有效方法就是：定义失败和被拒绝实际上都是我们内心的感觉。当对方用某种特定的方式对我们做了某些事或说了某些话之后，我们就感觉被拒绝了，是这种感觉决定了我

妙语点评

踏入销售职场，最初的新鲜感一过，随之而来的就是很深的挫折感，因为几乎每 10 个客户中会有 9 个对你说“不”。渐渐地，你会对你的工作产生恐惧，进而担心：我是否适合干这行呢？我能干好吗？这个时候，记住不要放弃，只要决心成功，失败永远不会把你击垮！

们的行为及反应。所以，我们有必要将这种感觉转换成积极因素。

成绩面前不思进取

骄傲自满永远是进步的阻碍。

营销事典

弗兰克进入森达公司从事饮水机销售业务已经3年有余。这3年里，他从一个不谙推销之道的毛头小伙子逐渐成为一个比较成熟的业务好手，他的客户网络已经遍及州里的各个主要公司，业务成绩创下了一个高峰值。老板和同事们也对他的能力大加赞赏，他的上司一直把他树为他们部门的榜样。但随后，新的问题出现了。

一天，他去和一位新开发的客户商谈生意。回来后，他一脸的得意："哈哈，我今天碰到的客户真笨，这么容易就得手了。"

办公室里的几个同事听他这么说，面面相觑。在他们的印象中，弗兰克还从来没有这样评价过他的客户呢。

"他上个月的业绩已经下降了不少了，他居然还这么说！"杰克小声对蒂姆说。

许多推销员日渐骄傲自满，以至于相信他们自己的事业已经如日中天，而实际上并非如此。他们被过去的老主顾们惠顾着，不再创新；他们成了订单接收员；他们四处闲逛，满足小小的愿望。你知道吗，他们正为他们的骄傲自满付出代价。

1. 他们的收入没有明显变化

一个有实力的职业推销员应当在经过一段较长的时间后，能够打破原有的收入水平，并且设定一个新的目标收入。成功推销员的定义就是能够不断实现挑战性目标收入的人。

2. 骄傲的推销员是很容易受到伤害的

如果市场上出现了新的竞争对手，或者是经济下滑，或者是其他不可预见的因素，影响了他们的客户群，那么他们就会发现自己原来两手空空。更令人感到可怕的是，当他们不得不重新为事业打拼的时候，他们已经无从入手了。

深入分析

容易自满的两种推销员正好两极分化：一种是刚入职场的新人，他们最容易犯的一个错误就是眼高手低、好高骛远。不过这种人的自满心态是短暂的，一旦他们遭遇挫折，则很快转成了畏惧心态或是自卑心态。另一种则是小有所成的销售老人，他们容易满足于得手的销售成果。这种人最常见的结局就是经过一阵高峰后便开始走下坡路，最后则开始到处抱怨。案例中的弗兰克正是如此。

正确做法

1. 随时检视自己的心态

自满心态的改变相比畏惧心态与自卑心态的改变更为困难。这涉及自我认识的困难，当人处于困境时，内外压力很容易使之下决心主动改变。而自满心态一旦形成，很难察觉和跳出。故而，要想不被这种心态牵绊住，一定要随时检视自己，做到早、中、晚日省 3 次，不让骄傲自满有可乘之机。

2. 不断寻找下一级目标

趁你现在还没有自以为是时，就赶紧做好下面几件事情：①找个销售前辈作为你的追逐目标。一旦有了竞争的对象，你就不会掉入孤芳自赏的陷阱。②在心里树起客户是衣食父母的大旗，每次见客户前都暗自挥舞一番。就算被拒绝，你也当作没有能帮到他而感到遗憾。③每当做成了生意，记得要奖励一下自己，但第二天就要告诫自己，苹果园里还有更多的果实等着你采摘。

妙语点评

推销是一种非常辛苦的工作，但同时又是一种非常伟大的职业。在这个领域能做到顺心顺意、游刃有余确实是很值得称道的。但是学无止境，这个行业同样没有顶峰，故不可取得成绩就沾沾自喜，封住了自己前进的脚步。骄傲自满永远都是你在推销生涯中的大敌。不要以为自己的事业经过一段时间的拓展就达到了顶峰。态度决定一切。当你开始轻视自己的客户时，客户也不会给你更多回报的。

3. 自我教育

不要有了一点小成绩就不思进取，在市场飞速发展的今天，如果你不求发展，就只有关门大吉的份了。要不断进行自我教育，参加各种研讨会，阅读专业书籍和杂志，使自己成为所在行业的先锋。你对你所从事的行业知识了解和掌握的程度越深，客户就会对你越有信心，从而使你的公司成为客户心目中的第一选择。

保持支配自己的自由，不断从你和其他人所犯的错误中学习，并采取必要的措施避免它们再次发生，这必将给你的事业带来长期的发展前景和利润。

4. 用勤奋来武装自己

（1）行动起来。为引进新的客户、扩大你的商业基础而努力工作；要保持头脑灵活，为你的产品和服务寻找新的机会。一流的推销员总是把目光转向那些尚未发掘的商业和服务行业的潜在客户，而这些潜在客户实际上也已经开始对他们的产品或服务产生了兴趣。赶快加入这些人当中去吧！

顶尖诀窍

不断寻找下一个目标。

（2）勤于拜访。经常去拜访客户非常重要，拜访并不一定是为了销售，主要目的是让客户感觉到推销员和企业对他的关心，同时也是向客户表明企业对销售的商品负责。推销员拜访客户时不一定得有明确的目的，也许只是为了问好，也许是顺道拜访。

面对市场的压力或是经济形势的转变，很多公司对那些业绩不好的推销员予以解聘。过不了多久，在许多大的行业里，再也不会有睡在功劳簿上沾沾自喜、没有突破的推销员了。

不能及时调整自己的坏情绪

情绪不好时，千万别去见客户。

营销事典

一个推销员情绪不好的时候去一家商场谈生意，这家商场还是老客户。当到了经理室时，经理显得特别高兴，热情地招呼这位推销员坐下，兴致勃勃地说："我告诉你，我女儿考上大学了！"

结果，这位推销员只是点了一下头，面无表情地说："嗯，您看下个月的货订多少？"

深入分析

客户需要的不仅仅是你的产品，还有你的友谊与尊重。产品是许多人都能提供的，但友谊和尊重却不是如此。并且，缺乏人情味的人是不受客户欢迎的。

见经理没说话，他接着又问："您看下个月的货……"

不想经理唰地变了脸色，没等他说完，就不耐烦地说："下月不订了！"

推销员又问："那以后呢？"

经理干脆说："以后你别来了！"

推销员生气地说："不做？我还不稀罕呢！"说完，一摔门就走人了。

一个人的行为似乎是跟着感觉走的，情绪上多云，行动上也就不会阳光灿烂，这是一般人的看法。但从另一个角度看，感觉和行动是互相影响的，可以反过来用你的行为去改善情绪。积极的人都会这么做。

谈论业务并不意味着生活中的其他事均与此无关，客户希望你与他共同分享某一好消息时，你只需要一句表示祝贺的话就可以做到。同时，要学会控制自己的负面情绪，不要让自己的消极情绪影响自己的客户。

我们之所以会情绪恶劣，是因为一直想着那件让你挂心的事。

譬如说当自己被上司责骂了，那很可能一整天你就一直想着这件事，脑海中仿佛一直是他对你怒吼的表情，结果你的心情就越来越坏。

顶尖诀窍

每天多一点好心情，每天就多一个小订单。

作为推销员，应该是乐观、开朗、工作和生活都积极的人，所以，你应该知道怎样把握自己的情绪，每天都让自己处于积极的状态中。推销员在面对客户以前要先作好心理准备。不论刚发生过什么不愉快的事情，推销员都要立刻把它忘记，然后用愉快的心情和笑容面对客户。千万别因为私人的困扰破坏了心情，以坏心情面对客户，只会使彼此的关系恶化，这是推销上的大忌。

正确做法

为什么要让那些不愉快的事不断困扰着你呢？为什么不把这一幕最糟糕的景象从脑海里消除呢？难道你希望带着对这件事或对这个人的负面印象，而让自己付出心情不畅的代价吗？

如果能改变你的感受，难道你不愿意去做吗？情绪恶劣时，不妨试试下面的方法：

1. 在脑海里重新描绘出令你十分困扰的那件事

仿佛是在看电影似的，在脑海里重新描绘出那件事，注意其中的每一细节和过程，但不要心情激动。

2. 把脑中的这一幕转化为漫画形式

假想自己坐在一个高高的椅子上，脸上堆满笑容，气定神闲地倒翻着这一包含全程的漫画书。

如果哪个人对你说了什么话，此时便仿佛看见他把话吞了进去，让整件事完全快速地倒放回去，随之再以更快的速度正放了一遍。

做完了之后你再来变更里面人物的色彩，使他们的脸都成为七彩颜色。

如果是哪个人让你特别不快，那么就为他改头换面，让他的耳朵变得像米老鼠那般硕大，鼻子像《木偶奇遇记》里的匹诺曹那般长。

就这样反反复复快速地做上十来遍，不断改变里面人物、事物的样子及颜色，同时加上一些音乐伴奏，不管这是你所喜欢的音乐或古怪的音乐，尽量让它们和那个使你不快的图像连在一起，相信这必能改变你先前的感受。

整个步骤最需要注意的就是臆想时的速度，改变人物、事物的夸张程度。

3. 现在再看看自己对先前那件事的感受如何

如果你的第二步骤做得不错的话，情绪必然会有所改变，不会再像先前那般恶劣或低落。这个方法也可以用于多年来困扰你的事上，远比你分析原因尝试找出改变方法来得更有效。其原因在于我们一切的感受都出自于心中一直注意的图像及相关的声音和感觉，这些合起来便对我们的情绪造成或多或少的影响。

当我们改变了这个图像和声音，那么心中的感受也就因而改变。当我们一做再做这样的改变，先前的情绪便不会再现，这是因为在我们神经系统中跟先前感受的关联慢慢地消逝。

请记住，任何事的发生都会与我们的神经产生关联，进而在脑子中建立一条渠道。如果你一直使用这条渠道，它就会愈来愈“长大”；反之，若是不去使用，它就会慢慢萎缩以致消失。

方法总归是方法，作为推销员，要记住：你的信心和热忱是很

妙语点评

谁都难免有情绪低落的时候，但这并不意味着你就可以随便将这种负面情绪转移到别人身上，特别是面对你的客户时。见到客户时，记得要将所有的不快置之度外，还要分享他的快乐之事！跟着好心情走，客户就会跟着你走，而订单跟着客户走，钱跟着订单走，多好。

重要的。或许，垂头丧气比打起精神来得容易，但这样你想拿到订单就比较难。没有了信心和热忱，一系列的不利后果都会在不知不觉中产生，你将会看着可爱的订单在含泪和你告别。

业绩目标不切实际

目标不要随意而订，要量力而行；一旦订下来，就要不折不扣地去完成。

营销事典

几位推销员正在给自己制订短期业绩目标。

“成为顶尖高手！”

“创下令人惊讶的业绩！”

“成为受大家信赖的人！”

3个月后，几个人又聚在一起讨论目标实现得如何。

“乔，吉姆，你们感觉如何？”

“我感觉不好，到现在我的客户量还排在末位呢，还提什么业绩！”

“嗨，不说了，怪丢面子的。高手太难做了！我不想再干下去了。”

杰克耸耸肩：“看来都好不到哪儿去。没人相信我这个月会有质的突破。”

深入分析

一般来说，很多人都会这样对孩子说：“如果你目标订得高，成就自然就大。”在平常生活中，我们往往都是这样做的。但是，对推销员而言，这个习以为常的道理还能起到那样的作用吗？

推销员作为公司的一线人物，当然不能没有自己的奋斗目标和行动计划，否则他的推销工作便无从下手。零乱地、漫无目标地走访几家客户，成功率又会有什么保证？结果当然可想而知。

但是要注意，目标不能订得太高，否则无法实现，就变成白日做梦、痴心妄想，势必影响斗志，情绪低落。所以，要先订下可行的目标，然后分成若干具体步骤和阶段作为具体的行动计划，拾级而上，自然是步步高升。

正确做法

1. 设定合理的目标

伸手可及的目标没有太大的价值，因为太容易达到，所以激励作用不大，不会激发你的潜力。很多时候，即使完成了，也没有什么成功的快乐。

好高骛远、脱离现实的目标也不好，因为它不可能达到，就会使人有失败感，这很容易挫伤你的自信心。

远期目标可以大一些，但近期目标应该在“跳一跳，够得着”的程度比较合适。这样，达成每一个目标，你都会跳高一点，一步一步地循序渐进，达到你最终的目标。

由人们在生活中设定目标、修正目标的举动可以看出一些他们在推销过程中可能出现的反应。人们常为自己修订目标，却浑然不知。当我们选择去一个社区居住，或选择参加一个团体，我们便会针对现状，制订目标。企业主也是这样，他们会向朋友、秘书、助理人员描述他们的目标，不断地依据反馈，逐步向上或向下修正不适合的目标。

> **顶尖诀窍**
>
> 成功的秘诀不在于贪多，而在于步步为营。

个人的期望值反映了他希望达到的目标，换言之，那是他对自己的一种期望。期望不单是愿望，而是一种包含了展现个人自我形象的肯定意图。万一表现不好，可能有损自我形象。当人们被问道“下次你想拿几分”时，他们设定目标的真实度绝不如当他们被问道“下次你期望拿几分”时来得高，因为后者牵涉到自我形象，而前者没有。在推销过程中，设置高目标的人往往会比设置低目标的人表现得好。不过，期望愈高，失望的机会也会愈大，这当中自然要承担风险。

2. 重要的是你的终极目标

一家位于苏格兰的小轮胎公司原来一周只开工 4 天，经理为加强产品在市场的竞争力，希望能将工作日增为一周 5 天。但是，工会拒绝开会，工会的理想目标是周五不开工。

在漫长的谈判过程中，公司一再声明，如果工会不肯合作的话，公司将可能被迫关闭。资方的决心挺大，可工会的决心更大。最后谈判宣告失败，公司亦宣布关闭，工人们都失业了。工会就是因为要追求理想目标而牺牲了终极目标——保住工人们的饭碗。

3. 目标还要能够验证

如果是抽象的目标，一开始要以自己的方式加以定义，然后再实施。

每个人都有自己的目标，但不是每个人最终都达到了他的目标。这些人并不是没有去努力争取，而是不明白这样一个道理：有一个远大的目标时时激励着自己，固然是成功所必需的条件，但是，如果没有一个如何达成目标的详细计划，那就像是水中捞月，

妙语点评

工作没有计划的人，通常都是漫无目标的人。只要上司下达命令，或是客户提出要求，他们均言听计从，毫无异议。这种人一辈子都在疲于奔命，根本无法去做自己想做的事情。推销员的路既长且累，如果没有一个有效的目标来指引和激励你，你就会彷徨犹疑，最终因疲倦和挫折而放弃努力。而目标一旦明确，就不能随意拖延，否则你可能一事无成！

可望而不可即。

行动计划犹如罗盘，具有引导每日推销活动的作用，推销员必须根据行动计划来核对自己的工作状况，查看每天的销售方向是否有误。

通常每月、每周、每日的计划是固定的，但也会因公司各时期的营业方针或政策而有所改变。机动性高的计划对业绩影响甚大，因此有必要妥善拟订。

4. 要随时监督自己的目标

在迈向目标的过程中，你应当监督自己的行动，总结自己的成绩，这样才能激励自己，取得更好的成绩。

要经常检查你的目标，定期更新你的目标。

如果工作进展速度超过目标要求，不要松懈或停下来。相反，应当更新目标，制订更高的但必须是能达到的目标。另一方面，如果工作进展速度落后于目标要求，你已无法实现目标，也不要放弃，应当对自己说，该目标不可行，你可能过于乐观了（乐观是好事，不要让它变为悲观）。这时，就应当检查和调整目标，使它更为现实一些，然后集中精力去完成它。

总是批评竞争对手

推销中完全没有竞争对手的情况是很少的，你必须作好应付竞争对手的准备。

营销事典

某企业的总经理正打算购买一辆不太昂贵的汽车送给儿子做高中毕业礼物。萨布牌轿车的广告曾给他留下印象，于是他到一家专门销售这种汽车的商店去看货。而这里的售货员在整个介绍过程中却总是在说他的车如何如何比菲亚特和大众强。总经理发现，在这位推销员的心目中，似乎后两种汽车是最厉害的竞争对手，尽管总经理过去没有开过这两种汽车，他还是决定最好先亲自看一看再说。最后，他买了一辆菲亚特。看来，真是话多惹祸。

一个小镇只有两家珠宝店，一个年轻人想买一枚钻石戒指——真正的钻石戒指。两个珠宝商都大肆攻击竞争对手是坑骗客户的家伙，对钻石一窍不通的年轻人听后觉得，在这里买钻石戒指很可能受骗上当，买到假货，两个珠宝商均不可信赖，最好还是去光顾相邻城里的首饰店。

深入分析

推销员如果主动攻击竞争对手，将会给人留下这样一种印象：他一定是发现部分对手非常厉害，觉得难以对付。人们还会推测，他对另一个公司的敌对情绪之所以这么大，那一定是因为他在该公司吃过大亏。客户下一个结论就会是，如果这个厂家的生意在部分对手面前损失惨重，他的竞争对手的货就属上乘，我应当先去那里瞧瞧。

正确做法

不要恶意批评你的竞争对手。

如果你的客户说到你的竞争者是如何如何地好，他的产品的价格是如何如何地便宜时，你可以告诉客户："先生／小姐，我知道这家公司的产品和价位各方面都是相当不错的，而我们的产品和他们的产品所不一样的地方是……"你就可以趁机再一次强调你的产品的优点以及和别人的产品的差异之处。当然，前提是你必须对你的竞争者的产品及优缺点有充分的了解，否则，你根本无从比较。所以，在提到你的竞争者时，要注意提到的是产品有什么好处，或是客观地比较二者之间的差异性或优缺点，不要恶意地批评或中伤竞争者。

优秀的推销员应有职业道德，不要专说别人的坏话，如此你才会让客户更尊重你。

精明的汽车推销员在刚一开始谈生意时就要探明竞争对手在客户心目中的地位。为了搞清楚客户都见过哪些汽车和最喜欢哪一款，这样问："到目前为止，在您见过的所有汽车当中您最喜欢哪个牌子的？"客户对这个问题的回答，可以为洞察力很强的推销员提供大量信息。如果客户的回答是"280ZX 赛车"，那你再向他推销稳稳当当的四门轿车就是对牛弹琴了。绝大部分汽车推销员都害怕跟头一次买汽车的人打交道，因为推销员们知道，不管你给这类客户提供多么优越的购物条件，他们还会认为有必要先转一圈看看再说。聪明的汽车推销员都喜欢等客户看过了其他牌子的汽车后再接待他们，这时，就有成交的希望了。

> **顶尖诀窍**
>
> 不要恶意地批评或中伤竞争者。

要知道，你怎么说你的竞争对手，他们也同样可以怎么说你。当有人问你“贵公司是如何在与X公司的激烈竞争中累积财富的”，可以用这种方式回答：“X公司的产品的确很不错（或很有实力），但请允许我告诉您，为什么客户选择了我们公司。”然后向你潜在的客户出示一些以往客户满意的感谢信件等。用这种方式，你就可以轻而易举地将话题从竞争对手转移到你们的交易上来。必要的时候，请你的老客户对你大肆赞扬一番也未尝不可。

一位采购员讲过这样一件事，说明推销员攻击竞争对手会造成什么样的灾难性后果：

“我在市场上招标，要购入一大批包装箱。收到两项投标，一项来自曾与我做过不少生意的公司。该公司的推销员找上门来，问我还有哪家公司投标。我告诉了他，但没有暴露价格秘密。他马上说道：‘噢，是啊，他们的推销员吉姆确实是个好人，但他能按照您的要求发货吗？他们工厂小，我对他的发货能力说不清楚。他真的能满足您的要求吗？您要知道，他对他们要装运的产品也缺乏起码的了解。’……

“我应该承认，这种攻击还算是相当温和的，但它毕竟还是攻击。结果怎样？我听完这些话产生了一种强烈的好奇心，想去吉姆的工厂看看，并和吉姆聊聊，于是前去考察。他获得了订单，合同履行得也很出色。这个简单的例子说明，一个推销员也可以为竞争对手卖东西，因为他对别人进行了攻击，我才在好奇心的驱使下产生了亲自前去考察的念头，最后，造成了令攻击者大失所望的结局。”

有的时候，客户已经买过竞争对手的产品，这时推销员在评论其产品时就需格外小心，因为批评那种产品就等于是对购买那种产品的客户的鉴赏力提出怀疑，因此必须讲究策略。比如，一个办公室档案设备女推销员就做到了这一点，她设法说服一家客户全部更换了原有档案系统，重新装配了一套价值近 2000 美元的设备。她没有让客户觉得自己安装第一套设计时不够明智，相反，还为此恭维了他，只是巧妙地证明了由于生意的扩大、条件的变化和新的办公器具出现，不赶快更新就要落伍了。

妙语点评

不要轻易攻击竞争对手，那可能会将你的客户推给对手。对付竞争对手要有充分的思想准备。“知己知彼，百战不殆”，掌握了竞争对手的情况，才不至于在以后推销工作中落入被动竞争的困境。

以貌取人

客户无时不在，无时不有，千万不能以貌取人。

营销事典

艾比是一家房地产公司的推销员。一天他正在等一位客户，一辆汽车开了进来，从车上下来一对年纪较大、有点不修边幅的夫妇。

艾比对他们进行了预先判断后得出结论：“我不能卖给他们东

西。男的65岁，女的50岁，而且肤色不同，他们没房住，只在租来的公寓里住了4个月。他是一个商人，但却没有财务人员；她是个失业者，负债累累，他们顶多是过来看看，根本就不想买东西，因为他们买不起。我没时间搭理这些人。”

可是，3天后，艾比所在公司的竞争对手森威房地产公司传出一则惊人的消息：该公司一位推销员成功地将一套60万美元的别墅卖给一对老夫妇，据说这对老夫妇用的是毕生的积蓄。而这对夫妇正是艾比那天见到的“年纪较大、有点不修边幅的夫妇”！

深入分析

“不能根据封面来判断一本书”，这句话用在推销业再合适不过了。不管一个人住哪儿，不管他是什么肤色、年老还是年少，不管其宗教信仰和性别如何、穿着打扮怎样，不管他提出什么样的借口和异议，没有一个人能事先判断哪个客户是买主，哪个不是买主，否则就不会有专业推销员这个职业了。

一天下来，只要钱没放到桌上，推销员就不能百分之百地肯定是否做成了买卖。在推销工作未完全展开之前，就断定客户不会买，无疑是自杀行为。如果你的产品不要钱，每个人都想要。因此，妨碍人们购买的唯一因素就是钱。你看不到销售数字，看不到钱，你就不能断定推销结果。有鉴于此，专业推销员总是尽最大努力与每一个客户周旋。

正确做法

现在，让我们来看看专业推销员是如何处理这种情况的。

首先，专业推销员会认真捕捉客户发出的信息，但他捕捉到的不是消极方面的，而是积极方面的。他知道，客户对他的产品有兴趣，因为他们回应了他的广告或市场宣传。

其次，专业推销员知道，如果他的客户参加过竞卖活动但没有买，可能是因为这次活动轻视了客户，没给他们买的机会。专业推销员不认为他们是浪费他时间的人，或者是流浪者，而是把他们视为国王和王后。

最后，专业推销员知道“有志者事竟成”，用他特有的待人接物方法，他能够达到目的。谁能知道这个客户的金元宝藏在什么地方呢？钱不放在桌上，你永远也不会知道他有钱。不要对任何人先下判断，推销领域中这点尤为重要。

推销员的素养愈高，推销的技巧愈成熟，就愈容易找到更多的准客户，而准客户的认同度也会在推销员的素质提升中得以增加。如果以上这些因素的总和都是正数，那么销售量自然跟着增加。但若是推销员的素质低、技巧差，找到准客户的数量就少，销售量自然大减，这是必然的现象。所以在这个销售的法则中，我们可以将推销员的训练当作是主观的因素，而准客户的多寡是客观因素，主客观因素两者相辅相成，才能创造出最佳的销售业绩。

客户就在你身边。推销人员应当养成随时发现潜在客户的习惯，因为在这个纷繁复杂的社会里，任何一个企业、一家公司、一个人都有可能成为某种商品的购买者或某项服务的享受者。

一名优秀的推销员应该随时随地优化

妙语点评

生活中，“人不可貌相”的道理人尽皆知，但我们还是会犯类似的错误。在你的推销生涯中，这一点尤其要避免。怎么能凭自己的主观臆断就去下结论呢？记住：客户无时不在，无时不有。不要轻视任何一个人，他很可能会成为你的准客户。正可谓：机会只垂顾每一个有准备的人。

自身的形象，注意自己的言行举止，恪守自己的工作职责。

尊敬你的客户，他们也会尊敬你。记住，每一个人都是一位准客户。

顶尖诀窍

简单的礼貌性表现就足够为你争取到不少客户。

重理论，轻实践

一定的理论可能让你事半功倍，但也可能成为你推销中的陷阱。

营销事典

有一个刚刚进入保险公司的推销员，他踌躇满志，也非常珍惜自己的工作，决定大干一番。但是因为他没有经验，每天看到同事们忙得不可开交，便想先学习学习公司的一些具有激励作用的工作方法。

每天，开完早会后他就在办公室里认认真真地看资料，努力地记忆那些保险推销中的方法和策略，并想象着自己在什么样的条件下可以运用。就这样，工作快一个月了，他一直在办公室里作研究。他的经理是一个非常开明的人，总是鼓励员工用自己的方式工作，毫不限制员工的思维，而且他还为员工提供各种信息和推销经验。这名新来的推

深入分析

推销员的思路是先学习理论然后再走出去，而他的经理看到的是产品、是他的实际工作；推销员考虑的是如何研究条款，经理设想的是怎么销售产品。不会卖东西的人和会卖东西的人，区别就在这里。

顶尖诀窍

推销成功有两个基本原则：一是待在电话旁；二是行走在拜访的路上。

销员不止一次来请教他面对什么情况应该如何处理的问题，他都详细地给以解答。但当他看到这位新人总是坐在办公桌前，一点也没有走出去的意思，终于沉不住气了。这天，他问他为什么不走出去，这位新员工理直气壮地告诉他："我再研究研究，我发现这里面有着很深奥的道理，这真是一份很有意思的工作。"

"你得出去。"经理说，"你不出去跟人接触，你不出去实践，你就永远无法了解你的产品，永远不知道你的工作到底是一种什么样的工作。"

空有理论，不去实践，那么推销永远是天上的彩虹，看着美丽，实际上那一切只不过是虚幻而已。你不与客户接触、商谈，不要指望会做出什么业绩。而商谈的最佳方式，则是面对面交流。无疑，理论是前人总结出的经验教训，但是那是他们实践的结果，而且同样的理论对于不同的人、不同的场合可能产生不同的作用，唯有真正地去做、去体会，你才能将那些理论转化成你自己的东西。

推销员的工作更需要不断与客户接触，需要不断地在实践中磨炼，磨炼自己的应对能力、推销技巧等，光抱着案头的理论知识，不是真正的推销员。

多与客户接触，你的经验就会不断地得到增长，你的人际关系也会不断地扩展。听说过"见面三分情"吗？多见几次面，与对方建立友好关系，推销员才能为自己的业务发展打下牢固的基础。

正确做法

有些推销员非常聪明，也酷爱钻研，简直把手中的产品琢磨透了，成为产品知识大专家。遗憾的是，他们的业绩往往和他们的知识成反比。

推销界有“二价四率”概念。

二价：访问单价 = 成交额 / 访问次数

成交单价 = 成交额 / 成交件数

四率：成交率 = 成交件数 / 访问次数

收款率 = 收款额 / 成交额

收款效率 = 收款件数 / 成交件数

开拓率 = 新单件数 / 新访次数

很显然，在推销水平没有很大变化的情况下，访问次数越多，成交的可能性越大，访问单价和成交单价也就越低。在有限的时间内怎样增加访问次数呢？答案是明摆着的：舍远求近。

不管你推销什么，都要从最近的地方开始寻找客户，如亲朋好友、邻居及工作单位附近的人。如果你不敢向这些人推销，只能说明你手中的东西不够好，或者你认为不够好。开拓并占领近处市场后，好好地经营，让客户变成替你宣传的中心。要做到这一点，必须不断与客户接触，提供服务。

只要行动，必能有所改变；只要行动，必能有所收获；只要行动，必能有所学习、成长；行动，能使人更坚强。

要想成为一个出色的推销员，成天在家里或办公室里想着要如何开拓客户、如何说服他们、如何成交是没有用的，我们常常把这叫作白日梦。因此，想要成功，必须采取行动，也就是从现在开始走出去，去寻找你的客户。

俗话说“一勤天下无难事”，可见“勤”这个字是一切成功的最基本要素。只要勤于努力，一切事情都可迎刃而解。而在推销上运用“勤”字，同样具备相当实用的价值。我们常说“做推销没有技巧，只要勤劳就好”，这充分说明了勤劳其实就是推销成功的关键。

勤奋、勤劳、勤俭，这些形容词都是正面的、积极的，而且还具备认同与鼓励的力量。如果客户能给你如此的评语，相信你已经得到客户的认同了，这也就是推销商品要先从推销自己开始的道理所在。

> **妙语点评**
>
> 实践出真知，推销员的工作更是如此。理论几乎帮不了你什么忙，只有去做，勤奋地做，才能体会出其中的乐趣。对客户的培养也是从勤于接触开始，找机会和客户建立友谊，从内心深处真诚地关心他，自然就可以获得相应的认同。此时，面对推销员的要求，客户也就不好意思拒绝了。

没有人天生就具备超乎常人的推销能力，任何推销技巧都必须通过学习才能够理解与运用，不论是来自于外力提供的知识，还是来自于内心自我学习的进修。

在学习之后必须借由不断地练习来提升经验与胆量，使之自然地成为自己推销习惯的一部分，长久累积。推销能力就如同爬楼梯一般，逐层地由下而上步步踏实，同时也建立起自己扎实的信心。千万不要好高骛远。许多不切实际的人往往是说得多、做得少，光说不练绝对是无法达成目标的。流于形式和花哨的推销练习对于推销能力是完全没有帮助的，说穿了只是花拳绣腿，根本不堪一击。

轻言放弃

不到最后一刻万万不能放松，因为此时也许是最佳的成交机会。

营销事典

推销员积极地推介一种商品，说：

“您看，这种收音机的质量很不错，它是柯兰电器公司继R10110型之后推出的一种改进型，无论是其清晰度还是耗电量都要大大优于原来的型号。”

客户一边反复观看着那种收音机，一边答话：

“是不错，不过，我还是想考虑考虑再决定。”

于是这位推销员以为客户并不需要这种产品而放弃了推销。

他说：“感谢您光临本店，欢迎您下次再来！”

深入分析

许多性急的店员一听说客户还要考虑就灰心丧气地以为客户对商品不感兴趣了，于是轻易地放弃了继续推介的努力，这实际是很可惜的。

这实际上是一个大好的机会，是一个不可放弃的销售良机。因为客户已经对你的商品介绍表示认可了，这应当看作一个购买信号。尽管从客户的答话来看，好像是一个拒绝购买的托词。实际上，客户的真实动机仍然隐藏着，他并没有正面拒绝，所以店员也不能轻言放弃，而应当继续你的销售过程。

顶尖诀窍

保持耐心，坚持到最后一刻，你就是赢家。

客户拒绝是常有的事，推销员一定不

能因此而放弃这个客户，“一切交易都是从拒绝开始的”，这也可以称为销售的定律。

正确做法

推销员这时应当说：

“看起来您对 R1212 型感兴趣，那么喜欢这 3 种款式中的哪一种呢？”

客户可能会开始挑选了：“哦，我不太喜欢这种正方形的，拿在手里感到不舒服……我想还是这种流线型的比较适合我吧！但是这种款式的机子收听电视频道的按键好像不怎么好使。”

推销员可迎合客户的意思：“我明白您的意思了，让我找一台按键灵敏度高的给您看看。”

妙语点评

半途而废是人生常见之事，不论是学习、工作、人际关系。但作为推销员来说，这是最大的一个缺点，它的结果是你的沮丧、你的自卑又一次打败了你。没有人会强迫你去接着做，但你必须去做，而且要坚持到底，成功就在你下一步的路程上。

从上面的对话可以看出来，看起来是一个拒绝的托词，实际上是客户在考虑收音机的按键是不是灵活好使。

在推销过程中，要正确处理客户拒绝购买的意见，售货员就必须具备把客户提出的消极因素转化为积极因素的本领。实现这一转化，其前提条件就是店员必须弄清客户对商品提出的异议与拒绝购买的托词之间的区别，只有这样才能使用恰当的应对方法。

推销过程不要操之过急。

不要低估确定潜在客户的重要性。

| 第二章 |

在寻找和开发客户时可能犯的错误

不能给准客户正确定位

要迅速准确地衡量客户的购买意愿与能力，要做最有效率的事情。

营销事典

菲利普夫妇对某房地产公司销售员迈克送上门的公寓广告非常感兴趣，这使迈克很高兴，他认为这对夫妇想要购买一套公寓。

他花了整个下午的时间向菲利普夫妇推销公寓。他们走遍了整个公寓的每一个房间，迈克将每个房间的特点都进行了详尽的介绍，而且一再强调其诱人的价格。

“这套公寓采用国际流行的灰色面砖为底色，配以冷色调的玻璃幕墙，整体建筑风格表现出冷峻、时尚。”

“我们窗户的设计采用的是上悬挂、下开启的铝合金窗，这类窗户防雨性能好，进风比较柔和，配合有色玻璃，私密性较强。”

……

尽管这样，菲利普夫妇依然没有表现出丝毫的购买兴趣。迈克并不知道，无论他怎样努力，他们都不会购买这套公寓。因为，实际情况是他们已经在另外一个地方购买了一套公寓。他们之所以来看这处新公寓，仅仅是出于好奇，希望通过比较来分析他们购买的新房子是否划算。

深入分析

实际上问题出现在迈克介绍之前。虽然这对夫妇从表面上看好像是潜在客户，但是实际上他们并不具备准客户的资格。如果迈克看到他们有兴趣之后，再进一步了解他们产生兴趣的动因的话，就会了解到他的潜在客户只是好奇，而不是真的产生了购买兴趣。

迈克把时间浪费在了一直在说“不”的客户身上。

正确做法

> **顶尖诀窍**
>
> 发现客户特殊、迫切的需求点。

推销员利用各种方法，会发现许多消费者、经营者和用户可能购买产品，但他们的整体特征是不仅数量多，往往地区跨度也很大。这种情况下，盲目访问就得花很多时间，尤其是其中一些人可能因需求已经满足、没有支付能力、没有决策权等不会采取购买行动，这就会白白浪费时间、增加费用和耗费精力。

要节省时间、提高效率，就要在寻找客户的过程中，对基本客户进行分析评价，从中选择购买量大、支付能力强、经过洽谈容易达成交易的客户，即准客户。通常情况下，准客户只占基本客户数的 20% 左右，而且，80% 的成交额来自这 20% 的准客户，这就是所谓的 20/80 法则。销售员集中时间和精力与这可成交的 20% 的客户打交道，才是最重要的事情。

根据这一法则，在寻找和确定客户的过程中，要对基本客户认真地进行分析和选择，以确定其中一部分作为准客户。

很多销售员花了他们大部分的时间向错误的对象销售，如果你正是如此，不论你在服务或产品上多么雄辩，你能赚到的钱还是很少。而我们要告诉你的是：专业者能确定把自己的时间投资在有购买意愿的客户上，而不是花大量时间却选错人，白白在说“不”的客户上浪费口舌。

寻找准客户在所有的销售行业中都是非常重要的一件事。那么，我们怎么才能确定哪些人是我们的准客户呢？我们可以根据

NMA 法则去寻找：

> **妙语点评**
>
> 客户表现出兴趣并不等于客户对你的产品有购买欲望，很多情况下很可能是另有目的，如案例中所说，只是为了比较而已。所以，在与潜在客户打交道时，给客户一个正确的定位是很重要的。优秀的推销员永远着眼在准客户身上。

N——需求（Need）：发现客户特殊、迫切的需求点。

为什么人们会买你的产品？你的产品究竟能满足客户什么特殊的需求？可以肯定的是，一位优良的准客户一定会对你的产品或服务有迫切的需求。他一定会有一个可以用你的产品或服务圆满解决的问题。或者，他有一个能够通过你的产品或服务获得即时好处的机会。这种需求越是紧急或迫切，客户对于价格的敏感度或购买细节的要求就会越低。你若能够找到越多的对你产品有这样清楚而迫切需求的准客户，你的产品就会卖得更快更多。

M——钱（Money）：对客户的支付能力明察秋毫。

这里指的是你的准客户必须有能够购买你的产品的基本支付能力。如果你发现一名客户非常需要你的产品，而你也费了九牛二虎之力劝说他购买，但结果是，客户根本就没有能力去购买，那么，一切工夫不也是白费吗？保健品销售员绝不会向一日三餐都没有保证的人推销保健品，这就是在考虑客户支付能力的问题。

对客户支付能力的考察内容包括地区经济水平、居民收入情况、企业财务状况等。了解城乡居民的收入情况往往比较困难，因为多数人不愿意让外人知道自己的积蓄，银行又要为储户保密。销售员除侧面了解外，可以根据地区经济水平和居民职业进行分析判断。对企业财务状况的了解要容易一些，可根据企业规模、生产条件、经营状况等进行评估。

支付能力还包括信用状况。对基本客户信用状况的了解，可以通过银行，也可以进行市场调查，或通过相关咨询机构了解。对单价高、批量大的产品，在期货交易和赊购时，对客户的信用一定要慎重了解。

A——决策权（Authority）：找对人才能办好事。

你找到的准客户必须有决策权。如果他既有钱，也有需求，但是根本没有权力作出购买的决定，那你无论花多大的工夫都是白费劲。

在成功的销售过程中，能否准确判断真正的购买决策人是销售的关键。有的时候，和你洽谈的对手如果无权作出购买决定，而且这些无决策权的人又极不愿意承认这一事实，那么只会浪费你的时间和精力。他认为承认自己无权有损于自己的声誉。他表面上往往显得很欣赏你的产品，但实际上不可能与你达成交易。如果洽谈了很长一段时间，或者你已经对他进行了几次拜访，但还是没有达成交易，那就说明你一直在与一个不能作出最终决策的人打交道。

不了解客户的背景

推销员对客户的了解越多，成交的可能性越大。

营销事典

推销员："你好，杰瑞！我是 ×× 服装公司的业务代表，我叫 ××。"

客户："我叫杰克，不叫杰瑞。"

推销员："哦，对不起！我来是想向您介绍几款我公司推出的新装，它们对年轻人肯定有吸引力。"

客户："我们店的客户主要是中年人。我们也不想吸引太年轻的客户，吵吵嚷嚷的，又没有什么购买力。"

推销员："对了，我们也有适合中年人的，你看看这几张照片。（向客户敬烟）来一根？"

客户："对不起！（指了指门上的一块小纸片）我这儿是不吸烟办公室。"

由于事先没有对访问进行必要的准备，推销员很快就陷入困难的境地。

所谓的背景调查，是指为制订访问计划而针对某一特定对象所作的相关调查。

深入分析

有了这样一个开头，恐怕很难有好的结果。

在寻找与评估阶段也要调查潜在客户的基本情况，但那是粗线条的，是对潜在客户整体情况的了解，其目的主要是为了淘汰没有购买可能的客户。

而为制订访问计划，仅仅了解潜在客户有无需求、有无购买力、有无购买决策权还不够，还必须了解其更详细的情况。推销员对客户的了解越多，成交的可能性越大。

顶尖诀窍

了解购买客户的最基本信息。

但是，推销人员必须注意，不能使背景调查的成本过高。如果由于背景调查的时间和精力成本超过可能获得的利益，背景调查也就失去了意义，除非这种努力能换来多次重复购买。

正确做法

背景调查的内容主要由客户的类型决定，下面介绍对个人、组织、老客户进行背景调查时应掌握的内容。

1. 个人购买者的背景调查

对个人购买者的背景调查主要包括以下内容：

（1）个人特征。姓名、年龄、性别、民族、出生地、文化程度、信仰、居住地、邮政编码、电话号码等。

（2）性格特点。如果有可能，一定要了解客户的性格特点，因为他的性格决定了他的价值取向。

（3）家庭及其成员情况。所属单位、职业、职务、收入情况和家庭成员的价值观念、特殊偏好、购买与消费的参考群体等参考资料。

妙语点评

了解潜在客户的情况，掌握其购买动态；收集信息，作好客户背景调查。

让自己的每一次推销都是有备而来、潜心而动，减少意外变动的风险性，才是成功的业务员。

（4）需求内容。购买的主要动机，需求详细内容和需求特点，需求的排列顺序，可能支付的购买能力，购买决策权限范围，购买行为在时间、地点、方式上的规律等。

2. 组织购买者的背景调查

对组织购买者的背景调查主要包括以下内容：

（1）基本信息。法人全称及简称、所属产业、所有制形式、经营体制、隶属关系、所在地及交通情况、生产经营规模、成立的时间与演变经历，目前法人代表及主要决策人的姓名与电话号码、电话传真号码，近期及远期的组织目标、组织规章制度、办事程序，主要领导人的作风特点、组织机构及职权范围的划分、人事状态及人际关系等。

（2）经营及财务信息。生产的具体产品类型、品种与项目数量；生产能力及发挥的水平；设备技术水平及技术改造方向；产品结构调整及执行状况；产品工艺加工及配方；产品主要销售地点及市场反应；市场占有率与销售增长率；管理风格与水平；发展、竞争与定价策略等。

（3）购买行为信息。推销人员要深入了解关于推销对象在购买行为方面的情况。如推销对象一般情况下由哪些部门发现需求或提出购买申请；由哪个部门与机构对需求进行核准与说明；由哪个部门与机构对需求及购买进行描述以及选择供应厂家，选择的标准是什么；客户目前向哪几个供应者进行购买；供求双方的关系及其发展前景如何。

（4）决策者信息。对在组织性购买行为与决策中起关键作用的部门与人物，应重点了解其有关情况。

3. 老客户的背景调查

对于熟悉的、比较固定的买主，推销人员亦应在每次约见前作好背景调查。

对原有关于客户的基本情况，如有错、漏、不清楚、不确切的，应及时修正与补充资料。

目前，在各行业各企业都处于一种动态甚至是突变的情况下，企业的情况变化是必然的。因此，推销人员应对原来掌握的情况进行核实，如发生变化，应及时更正。尤其是企业的性质、经营机制、管理体制、人事、机构的变化，更应加以关注并收集资料。

急于求成

拥有自信，顺其自然，说话点到为止，必会水到渠成。

营销事典

丹尼斯是一家幼儿园的推销员。一天，他来到一个客户家："怀特太太，为了您可爱的小宝宝，请这个月内一定要入园。我不骗您，下个月入园的费用要提高25%，没有像我们这么好、这么便宜的幼儿园了。"

而怀特夫妇结婚10年才得个小宝宝，视其为掌上明珠，正想着让小宝宝进家什么

深入分析

中国有句古话："欲速则不达。"丹尼斯正是犯了这个错误，太急于让客户接受却忘了人的心理都有一个接受的度。"友好但千万不要强制"是销售的一条重要原则。

样的幼儿园才放心。听丹尼斯这么一说，不免有点心动。“可是丹尼斯先生，我们说过了，想参观一下幼儿园，看看……”

“哦，怀特太太，您就放心好了，我们的幼儿园是聘请专家从幼儿心理角度进行充分研究和考察过的，不必犹豫。快送您的小宝宝来吧。”

怀特夫妇还是要求先参观幼儿园，结果并没有发现什么特别好的地方。而丹尼斯还是一个劲地催促。怀特夫妇不由得心里生疑，怀疑这家幼儿园是否有什么内幕，左思右想，决定还是另外选择的好。

使客户处于一个能使他感到愉快的“匣子”里，双方就会以最佳的心情进行友好的交谈，并且会促成交易。这个“匣子”是由以下几部分组成的：

1. 态度

要表现出更多的热情，并且把你的心思集中在完成任务而不是金钱上。

2. 诚挚

靠创造出一种互相帮助的气氛来融洽买卖关系，并且聆听客户怎样回答你的问题。

3. 能力

通过你的陈述及提问来证明你是一个商品使用顾问，而不只是一个产品推销员。

4. 了解需求，建立目标

准确地了解客户需要什么，想要什么以及期待什么，这使你能够有针对性地对他进行介绍。

正确做法

> **顶尖诀窍**
>
> 友好但不要强迫，这才是你应该对待客户的态度。

推销员不必向客户展示所了解的所有产品知识，同样，在作出购买决定前，也没有必要让客户成为相关的专家。过多地解释反而让人心里生疑。

老话说得好，“买卖不成话不到，话语一到卖三俏”，推销的关键是说服。推销员要激发客户的兴趣，刺激客户产生购买欲望，就要讲究说的艺术。而一些推销员常犯的错误是，他们的产品介绍单调、生硬、抽象，不具有鼓动的作用，客户听了之后毫无反应。让产品介绍富有诱人魄力，推销员就要讲究艺术性。

1. 讲故事

通过故事来介绍商品是说服客户的好方法之一。通过故事，推销员把要向客户传达的信息变得饶有趣味，使客户在快乐中接受信息，对产品产生浓厚兴趣。由于故事都倾向于新颖、别致，所以它能在客户的心目中留下深刻的印象。当一个推销员能让产品在客户的心目中留下一个深刻、清晰的印象时，就有了真正的优势。

美国纽约“成功动机研究”主持人保罗·梅耶在进行大量研究后发现，优秀的推销员都会巧妙地利用人们喜欢听故事的兴趣去取悦客户。他们会津津有味地讲起与销售有关的故事。

任何商品都有它迷人而有趣的话题：它是怎样发明的？发明的过程如何？产品是怎样生产出来的？产品带给客户的好处是什么？等等。推销员挑选生动、有趣的部分，把它们编成一个令人喝彩的动人故事，以这个故事作为销售的武器。保罗·梅耶说：“用这种方法，你就能迎合客户，吸引客户的注意，使客户产生信心和兴趣，进而毫无困难地达到推销的目的。”

一位玛钢厂推销员在听到客户询问“你们的产品质量怎样”时，他没有直接回答客户，而是给客户讲了一个故事：“前年，我厂接到客户一封投诉信，反映产品质量问题。厂长下令全厂工人自费坐车到100公里之外的客户单位。当全厂工人来到客户使用现场，看到由于质量不合格而给用户造成的损失时，感到无比的羞愧和痛心。回到厂里，全厂召开质量讨论会，大家纷纷表示，今后绝不让一件不合格的产品进入市场，并决定把接到客户投诉的那一天作为‘厂耻日’。结果，当年我厂产品就获得省优称号。”推销员没有直接去说明产品质量如何，但这个故事让客户相信了他们的产品质量。

妙语点评

一旦客户愿意坐下来跟你谈或者乐于向你咨询，这就已经表明客户对你的产品或服务产生了兴趣。但是，从兴趣到行为是需要一个过程的，要充分给予客户思考和选择的时间，并在这一段时间内，通过自己的专业和服务，努力促成客户的消费行为。

推销故事，归纳起来有10种：

（1）介绍性故事：我是谁？为什么到这里？我能怎样帮助客户？

（2）引人注意的故事：使客户对你和你的产品感兴趣并予以注意。戏剧性的故事能使他们想听你说的话。

（3）产品信息故事：不是简单地罗列产品的特点及长处，而是把它们融入故事中去讲。

（4）克服担心的故事：客户害怕承担购买风险，推销员可以向人们表示别的客户也有过同样的害怕，然而在你那儿他们从不担心。

（5）金钱的故事：向人们表示他们怎样买得起你的产品和服务，而你的产品和服务又是怎样让他们省钱、赚钱。

（6）自我陶醉故事：向客户表明拥有你产品的自豪，以及别人对他们的羡慕等。

（7）提高生产力的故事：向人们表明你的产品能帮助企业提高效率、降低消耗、增加产量、减少差错。

（8）家庭亲密的故事：向人们表明你的产品能使客户家庭幸福、关系和谐。

（9）安全故事：表明你的产品能使人心平气和、情感安全、经济安全等。

（10）成交故事：总结产品好处，获得订单。

2. 引用例证

举例说明问题，可以使观点更易为客户接受。人们在研究中发现，用 10 倍的事实来证实一个道理要比用 10 倍的道理去论述一件事情更能吸引人。显而易见，生动的、带有一定趣味的例证更易说服客户。

不善于应付意外事故

见机行事，灵活应变，不要因一时的失误而冷场。

营销事典

有一个推销员当着一大群客户推销一种钢化玻璃酒杯。在他进行完商品说明之后，开始向客户作商品示范，就是把一只钢化玻璃杯扔在地上而不会破碎。可是他碰巧拿了一只质量没有过关的杯子，猛地一扔，酒杯砸碎了。

这样的事情在他整个推销的过程中还未发生过，大大出乎他的意料，他也感到十分吃惊。而客户呢，更是目瞪口呆，因为他们原先已十分相信这个推销员的推销说明，只不过想亲眼看看得到一个证明罢了，结果却出现了如此尴尬的沉默局面。

此时，推销员也不知所措，没了主意，任这种沉默继续下去，不到3秒钟，便有客户拂袖而去，交易因此遭到惨败。

深入分析

推销员错在何处呢？怪自己的产品不好吗？没有一家公司能让自己的产品100%达到质量全优。优秀的公司能做到的就是尽最大努力降低缺陷的发生率。其实，当杯子砸碎以后，推销员如果没有流露出惊慌的表情，而是对客户们笑笑，沉着而富有幽默地说："你们看，像这样的杯子我就不会卖给你们。"交易还会在沉默中惨败吗？

有突发事件的情况下，沉默的时间愈长，交易愈容易失败。因此，在推销中学会随机应变是很重要的。

正确做法

推销员在推销的过程中，会遇到千变万化的情况。这要求推销员要沉着冷静、机智灵活地逐一处理，把不利的突发因素消解，甚至化为有利的因素，同时又绝不放过任何一个有利的突发因素为自己的推销加码。

社会环境是不断变化的，每一因素的变革都会对推销企业或产品产生重要的影响。如在市场经济深化发展中形成的新的推销组织；在市场竞争中，有新的工商机构加入竞争行业，就会出现新的推销对手。社会环境的复杂性和企业面临情况的多变性，都要求推销员具有适应变化的能力与技巧。

推销员在日常工作中还要机警灵敏，随时应付可能发生的客户异议和突发事件。在推销实施过程中不可能都一帆风顺，有顺利发展的时候，也有遇到风险的低谷时期。对于偶发事件如何处理，直接关系到推销活动能否顺利摆脱僵局、走出低谷。

琼正在与一位新客户谈生意，一位老客户打电话来提出退保。琼立刻感到双重压力，既想向老客户挽回败局，又怕在新客户面前泄露自己推销失利的消息。她灵机一动，便在电话里客气地对老客户说："那没关系，不过我现在正在与一位朋友谈要紧事，我们明天见面详细谈谈，你看怎样？"

你看，琼这样说，老客户通常不会拒绝她，而她还有一个机会和他谈判以期维持原有的交易；而新客户呢，他一方面会因为琼重视他而感到高兴，另一方面也会因为琼为了他而拒绝一次约会感到歉意，这就非常有助于琼与他成交。

顶尖诀窍

见机行事，化不利为有利。

显而易见，如果琼不能临危不乱，很可能忙中出错，既失去在老客户那里挽回败局的可能，又让自己狼狈地丢失了新客户，闹得个鸡飞蛋打的结果。

意外的情况并不总是坏事，有时也有利于你的推销。这时，你应该抓住它，让它来帮助你促成眼前的交易。

有一次，罗斯正在向一些运输业者展示一种高质量机油，一切都很顺利，观众也都很专心。罗斯拿着两支各装不同质量机油的试管，每一支试管都用橡胶垫封住开口。当罗斯把试管倒立过来比较机油滑落的速度时，没想到两支试管的橡胶垫却同时脱落，一时间机油洒满讲台，罗斯也弄得全身上下都是机油，而他手中还高高举着两支空空的试管。

结果如何？罗斯看着他们，他们也看着罗斯，罗斯看到角落处有位观众的嘴角突然抽动了一下，接着罗斯大笑出来。罗斯站在台上大笑，全屋子的观众也跟着大笑。他们的笑声实在太吵，害得会议中心的值班经理以为发生什么意外，迅速跑来，从门缝中查看究竟是怎么回事。

罗斯当时如果用很正经的态度来处理，这就会变成一场很失败的展示会。出了这么大的糗事，罗斯还能大笑出来，显示罗斯不是很在乎这个小意外，所以观众也不会觉得陷入窘境。

有时候，如果你遇到很糟糕的情况或意外时，大笑一番往往是替自己解围的好方法。观众一定知道这是意外，而且，他们也

妙语点评

意外是不可避免的，但意外的情况并不都是坏事。面临突发事件时，你首先要做的就是保持冷静，善于应变。随机应变的技巧是没有什么定式的，主要的原则就是在突发的事情面前沉着处理，避开和化解不利因素，抓住有利因素，使意外事件不影响成交，甚至能促成交易。要知道，你的应变态度将决定客户对你的产品的信任度。一个遇事慌乱、穷于应付的推销员怎么能博得客户的好感乃至信任呢？你的推销事业又怎么能成功呢？

可借此机会知道你是不是一个碰到突发情况便手足无措的人。

在日常工作中，推销员所接触的客户很复杂、很广泛，他们有不同的籍贯、性别、年龄、宗教信仰，有不同的文化知识、思想观念、社会阅历、生活习惯和交往礼节。在推销交往过程中，推销员首先要认真观察对手的特点，掌握多方风土人情、生活习俗，了解社会各阶层的知识水准和涵养，以适应不同客户的具体要求。

有时候，在推销产品的过程中会出现因为话题中断或无法进行导致的沉默局面。作为推销员，应尽量避免这种情形。

但当这种局面出现时，你切不可感到浑身不自在，应坦然视之，并找些你熟悉的话题向客户提问，把推销活动继续下去。或者干脆直接谈："看来，这个问题已经谈得差不多了。如果你有什么新的想法，待会儿咱们再补充。"

"现在，你是否认为应该讨论下一个问题了？"这样直说，会让客户以为的确到了该换话题的时候了，而不会以为你没有话讲。

一对多时误认目标

面对众多客户时，要知道你的目标在哪里。

营销事典

杰克是一家软件公司的推销员。一天，他按事先约定去当地一家金融营销公司作拜

深入分析

推销人员被引进接待室时，往往里面已坐满了人，有老板，也有员工，在大公司里往往是科长、主办科员和办事员同时接待你一个人。在这种情况下，很难一下子就弄清楚对方的职务和姓名。

访。这是一家颇具规模的公司，二十几层的办公楼非常气派。杰克向前台小姐说明来意，小姐便领他到会客室。一推门，杰克的眼睛便有点不够用。“上帝，怎么会这么多人？”原来公司开发部经理和十几名员工刚刚开完例会，一听软件公司的人来了，大家都想看看这家软件公司又开发出了什么软件，和自己现在用的软件有什么不同。

杰克赶紧对众人说：“下午好，各位！”然后他开始拿出名片准备与对方经理交换，但前台小姐未作介绍，会客室中的人只是一齐打量他，也没有人先站出来和他说话。他看到最左边站着一位30多岁、身材魁梧的男士，而那位男士似乎也正想问什么。于是杰克紧走两步上前，将自己的名片递给对方，“您好，先生，我想……”

“对不起，先生，你是××公司的吧？我们经理说了，你们公司新开发了一种软件，她很感兴趣……”说着，他对中间的一位年轻女士做了一个抱歉的手势，说，“珍妮，这位小伙子大概把我误认为是这儿的主管了……”

杰克一时大为窘迫。

杰克错在先拿出名片，又自作主张，误以为那位男士是主管。想想看吧，这种尴尬会直接影响到会谈的气氛。

正确做法

当面对一群客户，一时又难以辨明谁是其中真正的决策者时，不要直接盲目发问。按进来的前后顺序逐次打招呼及寒暄。如果是3个人同时站在你面前，你可不要给弄糊涂了。先跟你正面的那一位打招呼，然后再跟你左右的人打招呼。

顶尖诀窍

面对多位客户时千万不要怯场，沉着应对才能保证拜访的顺利进行。

不要莽撞地行动。首先笑脸相迎，不要急于拿出自己的名片。一般来说，对方地位高的人会首先拿出名片。

如果3个人同时拿出名片递给你，那么首先把自己的名片交给离你最近的那个人，这样比较自然，对方也挑不出什么毛病来。就座之后，将对方的名片按其就座的位置依次放在桌子前面，这有利于你快速记住对方的职务和姓名。

面对众多客户时，你应该集中精力主攻决策者，而不必过分重视其他非主要决策者的意见。

当然，在和对方寒暄或闲聊时，应该选择一些对方几个人共同感兴趣的话题，譬如当看到墙壁上挂着的字画时，就不要问对方："您喜欢绘画吗？"因为一般说来，你对面的这几个人都喜欢绘画的可能性很小。

妙语点评

面对客户群时，不要因为对方"人多势众"而乱了手脚，更不要贸然行动而认错目标。作为一名推销员，要作好"舌战群儒"的准备。这个时候，你的心态要稳，应变能力要强，口才更要好！

同时和几位客户商谈而恰好对方又都不太爱讲话时，那你必须积极发言；假如对方至少有一位爱说话，你可说"真有意思""后来怎么样了"等随声附和的话，同时不断地将谈话引申。不过不要忘记自己也要准备一两个话题，一旦冷场能马上运用。

人数一多，客套的时间也会用得比较多，须等告一段落（开场白）后再转入正式的话题。

没记住客户的名字

准确地说出客户的名字是对客户的一种尊重。赚钱靠人缘，记住客户的名字就是无形的财富。

营销事典

一位推销员急匆匆地走进一家公司，找到经理室敲门后进屋。

“您好，戴维斯先生。我叫查理，是××公司的推销员，今天特来拜访。”

“查理先生，你找错人了吧？我是史密斯，不是戴维斯。”

“噢，对不起。我没听清楚您秘书的话。我想向您介绍一下我们公司的彩色复印机。”

“我们现在还用不着彩色复印机，即使买了，一年也用不上几次，没多大用处。”

“是这样。我们还有别的型号的复印机，这是产品介绍资料。”他将印刷品放到桌上，“这些请您看一下，有关介绍很详细。”

“抱歉，我对这些不感兴趣。”史密斯说完，双手一摊，示意推销员走人。

深入分析

这是一次失败的推销。失败的主要原因是查理弄错了对方的名字，而这是推销最忌讳的。客户会想：你居然连我的名字都记不准确，我又从何信任你呢？作为推销员，忘记客户的名字简直是不能容忍的无礼。因为只有先记住客户的名字，才意味着把客户真正放在心上。

正确做法

在正式推销之前，推销员应当了解客户各方面的情况。

客户的名字是什么？怎样读？该怎样写？

客户的家庭状况如何？他或她结婚没有？有子女吗？子女多大？在哪儿上学？

客户参加了什么团体或组织？担任什么职务？

客户在公司里的位置是什么？他或她作出决策时的自信程度如何？

而其中最基本的一点则是记住客户的名字。

试想一下，当你拿起一张包括自己在内的集体照时，你先看谁呢？无疑，一定先看自己。

再比如，在学校里，每当会考成绩发榜时，你先寻找谁的名字呢？不用说，先找自己的大名。

还有，我们到风景区游览时，经常会在石头上或树干上发现“××到此一游”的刻字。为什么这种现象屡禁不止呢？就是因为一些人希望别人知道他们，记住他们，所以留下名字就是最好的证明。

有一位美容店的老板说：“在我们店里，凡是第二次上门的，我们规定不能只说‘请进’，而要说：‘请进！××小姐/太太。’所以，只要客户来过一次，我们就会将其资料存入档案，要全店人员必须记住她的尊姓大名。”

美容店如此重视客户的姓名，使客户感到备受尊重，走进店里颇有宾至如归之感。因此，老主顾越来越多，生意也愈加兴隆了。

顶尖诀窍

记住客户的名字是对客户的一种尊重。

安德鲁·卡内基被人誉为“钢铁大王”，但他本人对钢铁生产所知无几。他致富的原因之一就是他知道怎样利用客户的名字来赢得客户的好感。

有一次为了竞标太平洋铁路公司的卧车合约，卡内基与竞争对手布尔门铁路公司不断削价火并，双方均已无利可图。

不久，卡内基与布尔门都到纽约去见太平洋铁路公司的董事，他们在饭店门口巧遇了。

卡内基对布尔门说："我们这不都在作践自己吗？"

布尔门说："你话中何意呢？"

卡内基向布尔门陈述恶性竞争的坏处，并提议彼此化解前嫌，希望携手合作。布尔门认为有点道理，但仍不能完全接受。

布尔门突然向卡基问道："如果我们合作的话，新公司的名称叫什么好呢？"

卡内基果断地回答："当然要叫布尔门卧车公司啦！"卡内基的回答使布尔门的双眼顿时发亮，两人很快就达成了合作的协议。

又比如，他想把钢轨出售给宾夕法尼亚铁路公司，当时那家公司的总裁是齐·埃德加·汤姆森，卡内基就在区兹堡造一座大型钢铁厂，并取名为"埃德加·汤姆森钢铁厂"。这样，当宾夕法尼亚铁路公司需要钢轨的时候，就只从卡内基的那家钢铁厂购买。

卡内基这一套"尊重别人姓名"的本事使他无往不胜、生意兴隆，最后建立了他的钢铁王国。

成功学大师戴尔·卡耐基说："一种最简单但又最重要的获取别人好感的方法，就是牢记他或她的名字。"我们在牢记别人姓名之前，应先牢记这句话。

在任何语言中，对任何一个人而言，最动听、最重要的字眼就是他的名字。

当你走在陌生人群中，突然听到有人呼唤你的名字，什么感受？兴奋！假如这个能叫出你名字的人是曾经向你推销过某种商品的人，这丝毫不影响你的愉快情绪，只能加深对他的好感。这种推销技巧被人们叫作记名推销法则。

妙语点评

只要用心去记，不断地重复，记住并准确地说出客户的姓名并不难。如果你能够尊重并牢记别人的姓名，就表示你在乎他，这不但能帮你建立起良好的人际关系，而且对业务的拓展也大有帮助。

要牢记人名，可参考下面4个方法：

1. 用心仔细听

把记别人姓名当成重要的事。每当认识新朋友时，一方面用心注意听，一方面牢牢记住。若听不清对方的大名，请立刻再问一次："您能再重复一遍吗？"如果还不确定，那就再来一遍："不好意思，您能告诉我如何拼写的吗？"切记！每个人对自己名字的重视程度绝对超出你的想象！对于别人想正确记住自己名字的态度肯定是很欢迎的。

2. 利用笔记，帮助记忆

别太信任自己的记忆力，在取得对方名片之后，必须把他的特征、嗜好、专长、生日等信息写在名片背后，以帮助自己记忆。当然，若是能配合照片另制成资料卡，则更为理想。

3. 重复记忆

也许你也有过这样的情况：新介绍给你的人不过10分钟就忘了他的名字；如果不重复几遍，就会记不住。

因此，在初次谈话中，应多叫几次对方的大名。如果对方的姓名很少见或很奇特，不妨请教其写法与取名的经过。"莫斯拉夫先生，您是否出生在费城？"此种以姓名为话题的处理方式，更能加深印象，有助于记住对方。

4. 运用有趣的联想

这是利用对方的特征、个性以及名字的谐音产生联想、帮助记忆的方法。

没能激发客户的潜在需求

准客户有时是被创造出来的。

营销事典

一位办公设备推销员去拜访他的一位客户，这位客户正在机房里复印文件。推销员向他打招呼：

“您好！这么忙啊！”

客户回答：“是啊，这个破复印机，复印速度太慢，浪费了我不少的时间。”

推销员忽然眼前一亮，这不是客户表述的一种需求吗？为什么不抓住这个机遇。于是，他忙不迭地说：“我们公司有一种新型复印机，速度很快，一分钟能达到 30 页，肯定能满足您的需要。”

深入分析

管理大师德鲁克认为，与发现并满足客户的需求相比，创造客户更加重要。

像往常一样，客户的态度不冷不热，很随意的样子：“那么，你的复印机是什么牌子？你的复印机耗材成本如何？你的复印机复印效果如何？你的复印机操作是否方便？”

推销员并不介意他的这种态度，他拿出

那种新型复印机的说明书，准备详细地给这位客户介绍一下，“我们这种复印机——”

这时候，客户的复印工作已经结束了，于是，他打断推销员的话说：“我要开始工作了，谢谢你的介绍。不过，我虽然对它的速度不甚满意，可是它的复印效果还是不错的，暂时还不准备换掉它。”

推销员很沮丧，难道自己捕捉到的需求信息是错误的吗？难道他只是抱怨而已吗？难道他只是拿这个作为一种聊天的主题吗？最后他判断这位客户只是在抱怨，而根本没有换一台复印机的意思。

对于推销员来讲，遇到的客户 80% 以上是并没有明确需求的客户。所以，推销员一个很重要的工作就是引导和激发客户，让其潜在的需求变成明确的需求。

那么，首先就要明确哪些是潜在需求，哪些才是明确的需求。

“我现在使用的 ×× 产品速度有些慢……”

“我们公司的 ×× 产品一直有些问题……”

“我现在使用的产品使我的工作效率很低……”

“我公司的 ×× 部门一直想解决 ×× 难题……”

“这里的空白令我很头疼……”

从上面的几句话中，敏锐的推销员应该能够探出客户可能需要你为他做点什么，但是此时客户心里也不明确需不需要或者需要你为他做什么。

顶尖诀窍

将客户的需求具体化、明确化，让潜在客户转变成准客户。

“我想……”

“我希望……”

“我要……”

"我正在找……"

"我们对……很感兴趣。"

"我期望……"

以上几句话，客户则主动表达出要求解决问题的愿望或需要的帮助。在分析了客户需要后，推销员要做的工作是把客户的潜在需求转换为明确需求，接下来就可以推荐产品了。但在这个时候，有些推销员往往会陷入一个误区，那就是不等弄清楚客户的明确需求时，便开始推荐产品。

前面的案例即犯了这种错误。

对有些客户而言，他们会很清楚自己到底想要什么；而对另外一些客户而言，他们并不一定清楚什么产品对自己是最合适的。例如，一个客户说："我需要一台笔记本电脑。"他表达的是明确的需求还是潜在的需求？当然是明确的需求。但到底什么样的笔记本电脑是最适合他的，这一点他并不一定知道。所以，当专业的推销员遇到对自己的需求并不清楚的客户时，他们可以利用专业领域的知识帮助客户作出正确的选择。而这个时候，他们是在为客户创造价值。

正确做法

1. 引导客户发现问题

当推销员获知了客户的基本需求之后，需要知道客户现在对企业产品应用方面的态度，尤其是不满的地方，这样有助于将来进一步激发客户的明确需求。

"对现有的软件您最不满意的地方在哪里？"

"工作中的哪些事情使您很头疼？"

"哪些事情占用了您太多的时间？"

2. 激发客户需求

当推销员发现了客户对现状的不满之后，通过提出激发需求的问题可以将客户的这些不满明确化，从而引起客户的高度重视，以提高客户解决这类问题的紧迫性。

"这些问题对您有什么影响？"

"您如何看待这一问题？"

"您和您的同事的工作效率因此受到很大影响了吗？"

3. 将客户的需求具体化

这时客户表达的已经是明确的需求了，推销员应尽可能多地了解客户的具体需求，同时也要知道需求产生的原因，以便有针对性地介绍企业的产品。

"我想更多地了解您的需要。您能告诉我您理想中的软件是什么样子吗？"

"我们软件的主要特点是可靠、全面、快速、易管理，您最感兴趣的是哪一点？为什么？"

"除了这一点外，您还对哪些方面感兴趣呢？"

"您是已经有了一个具体意向呢，还是需要我为您推荐？"

妙语点评

推销员面对一位潜在客户时，必须清楚地了解自己和客户的行为方式是什么。

要使自己的行为恰如其分地适合于客户的需要。推销员要学会用客户希望被对待的方式去对待他，用客户希望的方式向他们出售商品，要学会调整自己的推销风格以及时机选择、信息陈述的方式，以便使自己的行为适合于对方。推销员应掌握住客户购买欲的程度，因为客户对商品欲望的高低直接影响推销员工作的成败。

“您希望用什么样的软件？这对您为什么很重要？”

……

4. 向客户请教

推销员利用向客户请教问题的方法来引发客户的明确需求。

有些人好为人师，总喜欢指导、教育别人，或显示自己。推销员有意找一些不懂的问题，或装作不懂地向客户请教，一般客户是不会拒绝虚心讨教的推销员的。如：

“在计算机方面您可是专家。这是我公司研制的新型电脑，请您指导，看看它在设计方面还存在什么问题？”受到这番赞美，对方就不会接过电脑资料信手翻翻，而他一旦被电脑先进的技术性能所吸引，推销便大功告成。

5. 向客户提供信息

推销员向客户提供一些对客户有帮助的信息，如市场行情、新技术、新产品知识等，会引发客户的明确需求。这就需要推销员站到客户的立场上，这样才能将他的潜在需求转换成明确需求。为客户着想，尽量阅读报刊，掌握市场动态，充实自己的知识，把自己训练成为本行业的专家。客户或许对推销员应付了事，可是对专家则是非常尊重的。如你对客户说：“我在某某刊物上看到一项新的技术发明，觉得对贵厂很有用。”

推销员为客户提供信息，在关心客户利益的同时，也获得了客户的尊敬与好感。

不会建销售网

建推销网让你的推销道路越来越顺。

营销事典

鲍伯准备和吉纳斯公司老总吉纳斯聊一聊投资的问题。

于是，他事先作了充分的准备。他了解到吉纳斯专门从事干燥层，也就是下甲板制造和木隔墙建造。已近中年的吉纳斯事业有成，春风得意，并且很喜欢风险投资。

了解了这些，鲍伯信心十足地上门拜访吉纳斯。吉纳斯的态度很友善，但当鲍伯说明来意时，他却果断地说："您要跟我谈投资的话，我没兴趣。"

鲍伯神态自若地说："不，这不是您想要说的。大家都知道，您是个风险投资商。"

"的确如此，但是我根本没听过你的名字，你拿什么让我信赖你呢？"

"您可以看我的投资评估报告。我在您之前已经为好几个人做过这些了。"

"那么都有谁呢？"

"比如米丽、詹姆斯……"

"我怎么从没听说过这些人。既然你做过很多次，那么，你帮我介绍几个人行吗？"

"那当然，您说。"

"银行家斯柯、金融界的凯瑟隆、纽约证券所的葛莱梅……"

"等等，先生，我想我弄错了什么，我

深入分析

如果推销只是靠你一个人单枪匹马地逐个去攻克无数的客户，就算你浑身是铁，能打几根钉？

们不是谈这些，我们应该谈……”

吉纳斯打断他，语重心长地说：“小伙子，你没有自己的交际网络，怎么作投资呢？”

乔·吉拉德说：“买我汽车的客户都会帮我推销。”

在生意成交之后，吉拉德总是把一套名片和“猎犬计划”的说明书交给客户。说明书告诉客户，如果他介绍别人来买车，成交之后，每辆车他会得到25美元的酬劳。以后至少每年这些人都会收到吉拉德的一封附有“猎犬计划”的信件，提醒他吉拉德的承诺仍然有效。

如果吉拉德发现客户是一位领导人物，其他人会听他的话，那么，吉拉德会更加努力促成交易，并设法让其成为“猎犬”。

吉拉德说，银行的贷款员、汽车厂的修理人员、处理汽车赔损的保险公司职员，这些人天天都能接触到有意购买新车的客户，他们是有价值的介绍人。

吉拉德绝对讲信用，只要有人介绍生意给他，他一定要付给介绍人25美元。他的原则是：宁可错付50人，也不要漏掉一个该付给他钱的人。

也有一些介绍人不愿意赚这25美元，坚决不收这笔钱，认为收了钱心里就会不舒服。这时，吉拉德就会送他们一份礼物，或者请他们吃一顿。

顶尖诀窍

连环式推销后劲无穷。

1976年，“猎犬计划”为他带来了150笔生意，约占总交易额的1/3。吉拉德为“猎犬计划”付出了1400美元的费用，收获了 75000 美元的佣金。

正确做法

1. 连环式推销，后劲无穷

连环式介绍是成功销售的关键。当然，对于新手来说，由别人介绍来的生意不会很多，这就意味着你要花许多时间向不是他人介绍来的潜在买主进行推销。但到了一定的时间，给你介绍生意的人会逐渐多起来。

建立起一个满意的客户网要付出很大的努力。但是，如果你有个很好的计划，并坚定地执行这个计划，那么你的连环式推销网不但会形成，而且会比你预想的要快。

比如你将你的产品推销给一个客户之后可以问上一句："您的朋友也许需要这件产品，您能帮助联系或者推荐一下吗？"

2. 主动提出推荐要求

如果你的客户很满意，那就是你请他帮你推荐买主的好时机。

你应当问他，是否认识其他对该产品感兴趣的人，问他你是否可以利用这些关系。

"你说你每个星期三晚上要去打保龄球，你觉得你那些伙伴会不会对这样的机会感兴趣？"

如果你有礼貌地提出请求，他们总会提供给你一两个名字；但如果他们不肯，不要一味坚持，换个时间再谈。

你应当趁客户的热情仍然存在时，在同一天或第二天拜访他提供给你的客户。

你的朋友向你介绍了新客户后，无论结果如何你都要告诉朋友一声，这是最起码的礼貌。朋友相信你，你应该有个回音，如果成功了，你告诉他，他会为你高兴；如果失败了，你告诉他，他会帮你再想办法的。

如果你连这点起码的礼貌都注意不到，那就会得罪人。人家可能永远都不提此事，但会把这事搁在心里。有人给你介绍新客户，你就处于两个人之间，弄不好你就会得罪两个人。

妙语点评

为什么有人说推销是先难后易的事呢？因为当你的人脉建立以后，好多人就会帮你了。这是你成为顶尖推销员的关键。建立你的人脉推销网络，是你一开始就应该做的工作，而且在你整个推销生涯中都要去做好这件事。

3. 赢得推荐的技巧

如果你问：“你有没有朋友想买汽车或电脑？”对方最可能的回答是“没有”或“目前没有”。

你问得太笼统，让他一时想不起来所有认识的人，更别说那些人对你的产品是不是有需要。

你必须引导他去想。

| 第三章 |

在产品介绍展示中可能犯的错误

不强调关键的利益点

让客户明白他在这次消费中的利益点是什么将有助于你的营销成功。

营销事典

亨利拿着一种新上市的电动剃须刀走进了客户的家门。他仔细地将这种新式电动剃须刀的优良性能都作了介绍。

“剃须刀不就是为了刮掉胡须吗？我的那种旧式剃须刀也可以做到这些，我为什么还要买你这个？”

很显然，客户希望清楚地了解这些产品或者亨利的这种销售主张能够带来什么样的好处。

“我的这种剃须刀要比以前的性能优良很多，你从包装上就能看得出来。”

“你的包装精美跟我有什么关系，包装精美的产品有的是，我为什么要选择你的产品？”

“这种剃须刀很容易操作——”

“容易操作对我有什么好处？我并不觉得我原来的很难操作。”

深入分析

什么是利益？利益是指产品或者服务的特征为客户所带来的价值或好处。这里的特征是指产品或服务的特点。

上面案例中，“对我有什么好处”就是客户的利益点。

客户最在意的显然是利益而不是特征，特征是利益的支持基础，利益才是客户追求的根本东西。根据对实际的销售行为的观察和统计研究，60% 的销售人员经常将特征与利益混为一谈，无法清楚地区分；50% 的销售人员在作销售陈述或者说服销售的时候不知道强调关键的利益点。销售人员必须清楚地了解特征与利益的区别，这一点在进行销售陈述和说服销售的时候十分重要。

亨利一味强调这种新式剃须刀好用、性能优良，但是对于客户的信息反馈却不重视，客户一直在问“这跟我有什么关系”，而亨利却对此置若罔闻。这样的营销怎么能赢得消费者的满意呢？当客户明显希望清楚地了解这些产品或者生意主张能够带来什么样的好处的时候，他却喋喋不休地讲述自己的产品包装如何漂亮精美，产品多么容易操作，所以失败是不可避免的。

正确做法

1. 清楚认识自己的产品

训练有素的销售人员能够清楚知道自己的产品究竟在哪些方面具备优良性能，而不是一味地在一些并不重要的环节上浪费时间。为了能够清楚解释产品或销售计划是如何满足客户的需要，销售人员应该十分熟练地掌握产品的特征可提供的利益。

向用户介绍产品，关键点是使用该产品能给他带来什么好处，哪些好处是他现在正需要的。著名的 FAB 法（功能、特点、利益）广为采用，也就是先向用户介绍某类产品的功能，再介绍产品的特点、优势，接着将产品特点与消费者关注的利益点连起来，最后解答一些技术问题与售后服务问题。

> **顶尖诀窍**
>
> 产品的最优良的功能就是客户最想要的那种功能。

2. 了解客户的关注点

与客户交往中，最难判断的是他们的

关注点或利益点。一个好的推销员应该首先弄清楚客户关注什么，你可以通过你的眼睛、嘴巴、耳朵来掌握这些信息。

观察客户，一眼识别客户的层次、素质、需求、喜好等；听客户的叙述，必须给客户表白的时间，要耐心地听——客户没有耐心为你多讲几遍，他们也不会反复强调重点，甚至有些时候他们会隐藏自己的真实需求，这就更需要细心地听；客户只知道他目前需要购买东西解决问题，却不知买什么与怎样做，这就需要推销员担当策划师的角色，为他提供全面、准确、适合的策划方案。推销员要想清楚明了客户的需求，就需要通过提问、回答反复深入地了解客户的真实想法，从而给出客户最需要的购买建议，完成销售。

客户的表白、回答都不一定正确，适当的时候，业务员需要实地考察客户状况。比如装修，就需上门考察，再为客户制订装修方案。

3. 主动展示产品的利益点

销售人员直接告诉消费者他们接受产品或促销计划所能带来的利益，当利益能满足该客户的需要时，他多半会同意购买产品或接受提议。

销售人员必须明白一点，即你自己对产品或者促销计划的了解是远远超过采购人员的，因此，你不能因为自己对利益有足够的了解就想当然地推想客户也对此有同等程度的了解。

妙语点评

销售人员的谈判应该紧紧抓住能够影响客户作出决定的利益点进行集中阐述和重点强调。客户在选购各类产品时，都会有其不变的大方向，顺着大方向去满足客户的要求，能使推销员的展示、介绍更加打动客户的心。

4. 运用各种方法强调利益点

推销员在实际谈判中需要经常用到的产品的特征要素主要有：品质、味道、包装、颜色、大小、市场占有率、外观、配方、成本、制作程序。

这里面的一些要素可以直接展示给消费者——你的客户，比如说味道，你可以直接让他来闻一下，让他自己感受比你告诉他要直接可信。另外一些他不能体会到的，推销员一定要给他展示，让他有一种豁然开朗的感觉——我就是想要这样的东西。这样，你离成功也就只有一步之遥了。

有些客户直接就告诉你他需要这种产品的哪方面的利益点，比如说，上面的案例中，如果亨利能够告诉客户他的这种剃须刀节省时间，并且无论怎么样操作都不会划伤脸，那么这位客户就应该能够接受了。

以自我为中心

营销的中心点在于理解客户的消费心理，不在于推销员自己对于产品的理解。

营销事典

书店里，一对年轻夫妇想给孩子买一些百科读物，推销员过来与他们交谈。以下是当时的谈话摘录。

客户："这套百科全书有些什么特点？"

推销员："你看这套书的装帧是一流的，整套都是这种真皮套封烫金字的装帧，摆在您的书架上非常好看。"

客户："里面有些什么内容？"

推销员："本书内容按字母顺序编排，这样便于资料查找。每幅图片都很漂亮逼真，比如这幅，多美。"

客户："我看得出，不过我想知道的是……"

推销员："我知道您想说什么！本书内容包罗万象，有了这套书您就如同有了一套地图集，而且还是附有详尽地形图的地图集。这对你们一定会有用处。"

客户："我是为孩子买的，让他从现在开始学习一些东西。"

推销员："哦，原来是这样。这套书很适合小孩子的。它有带锁的玻璃门书箱，这样您的孩子就不会将它弄脏，小书箱是随书送的。我可以给您开单了吗？"

（推销员作势要将书打包，给客户开单出货。）

客户："哦，我先考虑考虑。你能不能找出其中的某部分，比如文学部分，让我们了解一下其中的具体内容？"

推销员："本周内我们有一次特别的优惠抽奖活动，现在买说不定还能中奖呢。"

客户："我恐怕不需要了。"

深入分析

从上面的案例中，我们看到这位推销员主要站在自己对产品的理解上，很全面地讲到了产品从不同方面的各种优点。但是他却忽略了客户的最基本的需要：是给孩子买的。这套书对孩子有什么好处才是客户最想知道的，可是这位推销员对此却没有提及。

对客户来讲，"值得买的"不如"想要买的"，客户只有明白产品会给自己带来好处才会购买。

> **顶尖诀窍**
>
> 推销的98%是对人的理解，2%是对产品知识的掌握。

在推销时，如果推销员只把注意力放在推销产品上，一心只想把产品推给对方，甚至为了达到目的不择手段，这样，失去的可能比得到的更多，因为你虽然推出了一件产品，但从此失去了一个客户。

这位推销员给客户的感觉是太以自我为中心了，好像他需要的就是客户需要的。他完全站在自己的角度上对产品进行理解，然后将自己的观点强加于客户，让消费者感觉：这样的书是你需要的，而不是我需要的。

正确做法

1. 要能够倾听

推销员要让客户把话说完，能听到最后才是会听的，不要匆忙打断对方的谈话而插嘴。因为不会倾听，你可能不能理解客户最想要的是什么。

认真倾听需要技巧。推销员要注视对方，眼光和脸部要面向客户，表现出全神贯注的神情。

推销员不可左顾右盼，或死死盯住对方。无论对方谈话内容如何，都不能拉长脸，或露出鄙夷的神态。推销员的身体要向客户方向微微前倾，适当地运用一些表达恳切的微小动作，如点头、微笑、轻声附和等，避免呆若木鸡的神情。

2. 顺着客户的思路介绍产品

影响客户作出消费行为的个体与心理因素是：需要与动机，知

妙语点评

推销员在推销的过程中，不要以自我为中心，什么事情都想当然，这样，你可能与客户的理解背道而驰。应该多让客户发表意见，多方探听他的购买欲望；要站在客户的立场上考虑问题、解决问题。

觉，学习与记忆，态度，个性、自我概念与生活方式。这些因素不仅影响和在某种程度上决定消费者的决策行为，而且它们对外部环境与营销刺激的影响起放大或抑制作用。

影响消费者行为的环境因素主要有：文化、社会阶层、社会群体、家庭，等等。

你的产品可能在很多方面都具有优越性，但是，哪一点是最能打动客户的呢？你要能够从你们的交谈中发现这一点，顺着客户的思路来介绍你的产品，这样客户最容易接受。

不了解市场行情

了解市场行情，推销员才能永久地保持自己的竞争力。

营销事典

一位推销员在推销一种新型洗衣粉，他向客户介绍："这种洗衣粉不含杂质和膨胀剂，只凭很少的用量即可洗净衣物，同时洗过的衣物上不会留下洗衣粉的残留物，是货真价实的好东西！"

同时，他还动手作产品示范，来证明他的洗衣粉不会在衣服上留下残留物，并解释说这种残留物即是衣服晒太阳会泛黄的主要原因。

但是他不知道，市场上已经出现了一种洗衣粉，功能类似于他正在推销的这种。

他的客户告诉他：你强调自己的产品不需大量使用就有效，这是省钱，可是××洗衣粉也省钱；你说你的产品不含杂质，洗衣轻松，这是省力，可是××洗衣粉也省力；你说你的产品不留残留物，不会损及衣服，这是品质好，可是××洗衣粉品质也不错。既然如此，我为什么买你的？

深入分析

当一个客户有了一种和你推销的产品类似的产品时，他凭什么还要再接受你的产品呢？

由于产品和服务的种类繁多，要从这么多产品中突出自己的产品是一件比较困难的事。

推销员首先要洞悉市场行情，如市场上同类商品最低价和最高价是多少，你的买方对所要做的交易有多少热情等。对自己的情况更要心中有数，如衡量一下自己产品的质量和成本水平，生产能力有多大，次品将怎样处理……

“知己不知彼，一胜一负”，为了立于不败之地，你就应该去了解一下竞争对手的企业背景、对手推销队伍的组织情况等，以做到心中有数。

正确做法

在商务推销中，“眼观六路，耳听八方”非常重要。注意观察同行中谁来抢夺你的生意，收集起他们的情报，问问自己：“如果客户不和我做生意，那么他会去找谁呢？是什么吸引他的呢？”了解竞争对手，也要了解自己的产品在市场

顶尖诀窍

知己知彼，百战不殆。丰富的情报信息必能在商战上助你一臂之力。

上的独占性如何。如果你掌握着垄断权，那就可以说是实力雄厚了。相对抬高卖价或压低买价，对方也只有忍痛服从的份。但是要注意本着互利的原则，不要漫天要价，否则你可能会遭到恶毒的报复，只做“一锤子买卖”的想法会使你名誉扫地，让你永远地失去市场。

假如你的产品不具垄断性，在市场上必定有激烈的竞争等着你去应付，那么就要收集信息，了解竞争对手的报价，研究其产品性能、应用性能、信誉情况，然后突出你的强项，以清晰的利弊对照会让你的买主树立一种信念——只有和你做生意，才是最明智的选择。

当客户知道市面上还有其他同类型产品而产生比较心理时，推销员多半会借贬低别人的产品顺势提升自己，但切记在批评别家商品时，千万不要显现出不屑与轻视的神态，否则可能引起客户的反感，直觉你是个主观偏激、不客观公正的人，也就是说，你的批评一定要非常客观而且合理才行。采取公正的数字或者可靠的分析方法加以说明解释，让客户轻易地比较两种商品并选择你的商品，这才是高人一等的说服技巧。

只要在对方心目中你比你的竞争者更有优势，那么再多几个竞争者也无所谓了。

要知道，在市场中，怎样才能突出自己产品的特性，这是推销员最需要做的。

每一样产品皆有其独特之处，这便是

妙语点评

没有竞争的产品，推销员不会有什么价值。正因为竞争非常激烈，推销员在自己的推销生涯中始终保持竞争力，不断提高竞争力，才更有意义。所以推销员要了解市场行情，做到知己知彼。

它的特性。产品特性包括一些明显可见的东西，如尺码和颜色；或一些不太明显的东西，如原料。最常见的产品特性有：尺码——体积、重量和容量；颜色和光暗面；款式或型号；出产季节或年份；成分——原料或组成部分；功能——产品做什么或怎样运行；品牌——制造商、生产线或设计师；价格，等等。

就是因为产品的特性，才可以让客户把你推荐的产品从竞争对手的产品或制造商的其他型号的产品中分辨出来。

无端夸大产品的优点

推销最不好的习惯就是夸大产品优点，你往往会为此付出代价。

营销事典

有一位医生近几年来一直都使用某家药厂的产品。突然有一天，他完全不再使用该药厂研制的产品了。为什么？因为有一位推销员到他的诊所丢下一瓶药丸说："这是你所有气喘病人治愈疾病的良药。"医生很生气地说："你还真有胆量对我这样说，我有一些病人已使用过，一点都无效！"

后来有人问医生："是不是真的完全无效？"

"也不全如此，就解除症状而言，它是蛮有功效的，但是气喘是无法根治的，有太

深入分析

过度吹嘘自己的产品是一件很愚蠢的事情，因为真相终有一天会被发现，等到那一天，简直就是自己侮辱自己。

多的因素会使它发作，心理受到影响也可能是发作的因素之一。”

“你希望那位推销员怎么说呢？”

“如果他对我说：‘布雷克医生，在病人不知情的情况下所做的大规模实验显示，这种药物对80％的气喘患者能有效减轻症状。’我就会阅读那份报告，并增加处方量。老实说，那还算是不错的产品，但为什么他要向我过度吹嘘？”

俗话说得好，“老王卖瓜，自卖自夸”，没有人会说自己的产品不好，就算客户察觉到产品的缺点，也要想办法把商品销售出去。

销售最怕的是被客户找到商品的致命缺点，推销员为了避免客户抓住商品的缺点，必然为商品说好话，但是过度夸耀自己的产品会让客户反感。一方面，对产品市场比你还了解的客户会因此永远地不信任你；另一方面，不知情的客户购买后发现商品达不到你所夸耀的程度会出现抗拒、厌恶的情绪，甚至会因此而投诉你。

在介绍产品的实质性功能方面，一定要实事求是。

推销者不仅要对自己的产品和经营状况了如指掌，而且应该清楚自己提供给对方的建议书各项条款是如何成为对方所需要的而又不是言过其实的，并要把这些用具体的数字清晰地摆出来。“您购买我们公司的产品将为您带来10万元的利润。”并随之送过去一张明细分类的数据表来加强你的说服力，如此这般，估计没有哪个购买者会抵抗得住这样的诱惑力。但是你得让你的话具有考证性，而不是让对方抓住把柄。

有些推销员认为只有夸大其词的宣传才能真正打动客户。这种宣传将自己的产品

顶尖诀窍

让你的介绍简单明了。

或服务同其他商品或服务进行比较，强调并夸大自己的优点，满足了客户的主要需要。

推销宣传是用来促成交易的，它主要是宣传产品或服务的功能，而不仅仅是对产品作浮夸的介绍。客户更在意的是你的介绍是否真实可靠。

也有的推销员为了掩盖产品缺点而采用浮夸法介绍，这些都是错误的。

正确做法

下面我们看一下推销员对一种复印机的介绍。

“我们一次可以印出 25 份好的复印品。如果你对复印机的加热系统有所了解，而且控制良好，也许可以再多增加几份，但是不能每次都这样，还是以 25 份为标准。如果你的印量不是很大，这会是很理想的产品。在一般情况下，一次复印 25~30 份，它都能维持高质量的状态，保证在 25 份内都能有高质量的结果。”这样很好，客户得到 25 份的良好影印品，偶尔还可以得到 30 份，他肯定很高兴。

但是，有些推销员大概会这么说：“这是非常了不起的产品，一次可印 30 份以上。”客户买了以后，他的印量虽也维持在 25~30 份，但请注意，这位客户却很生气，因为他被推销员的过度吹嘘欺骗了。

妙语点评

有些推销员认为他们必须解释产品的一切优势，越详细越好。殊不知，他们简直是在阻止别人买自己的产品。一些推销员作完推销介绍，客户也快表示同意购买的时候，他们却又浮夸起产品的琐碎细节来，结果可想而知！

如果你不想拿起石头砸自己的脚，就千万不要过度吹嘘。

因此，推销员要注意介绍时应该遵循如下原则：

1. 客观而简单明了

例如：

“这个控制杆可以将窗户打开。”

“这种靠背是尼龙制的，经久耐用。”

“通风系统是由简单的手动操作来控制的。”

这些介绍简单明了，又一下子突出了产品的特性，让客户非常容易接受。

你也不可能仅靠几句好话就能说动客户来买你的产品，产品资料介绍要真实可靠，主要是向客户介绍该产品的特性及功能。

2. 扬长避短

强调自己商品的特色与优点是提升客户认同的主轴，没有商品是十全十美的，对于商品的缺点，推销员要懂得去掩饰，而不是欺骗客户，掩饰只是一种转移想法的技巧。销售的基本原则是，对方没有提到或强调商品缺点就不要画蛇添足地多说话，否则会令自己商品的缺点更突出，影响销售成效。

3. 侧重于客户的受益点

一般来说，客户希望所购买的产品或服务可以提供以下一项或多项功能：

（1）提供基本的卫生需求。

（2）替他们节省时间、力气和金钱。

（3）改善他们的个人形象和身份象征。

（4）提升或保持他们的财物价值。

你首先要知道产品特性能够如何使整体客户收益，然后集中注意那些受个别客户重视的特性。

不了解客户

以客户的兴趣来引导他的购买意愿。

营销事典

甲公司需要一套计算机软件程序，而此时乙公司正好有这种软件程序。当两方代表坐下来准备谈这项协议时，乙公司代表显然表现得有些趾高气扬。

“坦率地对你们说吧，这套软件我们打算要 24 万美元！”

此时甲方代表突然暴怒了，脸发红，气变粗，提高嗓门辩解道：“你们开什么玩笑，简直疯了，24 万美元，是不是天文数字？你认为我是白痴吗？”

这样，双方再没有在谈判桌上讲过第二句话。

深入分析

做好自己的准备工作之前，先要了解你的推销对象，从各种明的、暗的渠道多方收集他的情报——然而多数推销员却常犯这样的错误：轻视或忽视客户。这种错误的动机，一是盲目自大，根本看不起对方；二是虚浮毛躁，准备工作只做一半（知己）就撒手了，置客户于神秘之中。

最难打交道的客户大致有以下的几种类型：

1. 强硬型

这种类型的客户总是咄咄逼人。要么什么也不说，要么干脆一口回绝，绝无回旋余地。即使有时他们口气并不十分坚定，并申明他们会认真考虑你的建议，但事实上，他们一转身就忘。

客户之所以采取如此强硬的战术，一方面是他们还没有对产品产生兴趣，另一方面也可能是其自身的性格原因造成的。

2. 逼迫型

这种类型的客户通常会采用各种各样的方式威胁对方，使对方就范，如利用期限进行逼迫、利用对方的竞争对手进行逼迫、利用拖延战术甚至还会用无中生有的方式进行逼迫。

3. 攻击型

这种类型的客户最大特点是以攻为进和以攻为守，通过猛烈的攻击使对手就范，作出让步，达到自己的目的。在推销中如果遇到攻击型客户，最好的方法就是避其锋芒，打其要害。

4. 防御型

这种类型的客户一般比较善于回避焦点问题，在经过一定的忍耐和等待之后，会寻找机会一举反攻。当你走上谈判桌，一旦遇上防御型客户，非常有必要搞清对手采取防御战是出于何种原因。

正确做法

顶尖诀窍

千万不要低估你的客户。须知，客户往往比你更聪明。

1. 收集情报

在推销中，那个最有资格说“是”或“不”的人往往看上去和其他人没有什么两样。作为一个推销员，必须确认对方的地位、力量及权威。一旦掌握了谁是中心人物，就紧紧地抓住他，了解他的权力范围有多大，然后把这个权力从他那儿拿过来。这就需要去收集一些情报，提出几个问题，诸如该人的年龄、爱好、兴趣、个人品质、对我方产品的态度、对其他竞争者的态度等。你还可以采取迂回策略，从他的下层或他的上层人员进攻，“堡垒最易从内部攻破”，让作决策者受到来自自己组织内部的压力。

2. 评估对手

利用你收集来的情报，试着估计一下对方的压力点之所在，如他们不和你做这笔生意，会有什么损失？

也分析一下你自己的推销实力，并且相对于竞争对手把它再增强一点。这包括对方企业的发展计划、对方企业面临的压力与问题、对方企业对我方特定业务的需求、对方企业的竞争对手情况。

3. 提出自己产品能打动客户的功效

例如：

（1）象征地位的效用。

譬如身为董事长，坐的汽车大都是高级的，自己一般拥有别墅；身份是总经理的人，或许他办公桌上要放一个高级的笔记本电脑，如此才可以显示出其地位的不同。达到上述“水准”之后，才会像平常所说的“这才合乎他的身份”或“这才能衬托出他今天的身份和地位”。

（2）衍生利益的效用。

譬如买入防范公害、天灾的机械或设备，农耕操作的机器，或零售贩卖器（如

> **妙语点评**
>
> 你的客户是你的交易伙伴，同时又是你推销工作的“敌对”势力。你要比他自己更详细透彻地了解他，强化他的利益，而弱化敌对利益。

销售冰激凌的机器、自动果汁贩卖机等），买主的愿望是：以数字计算出盈亏之后，若按正常情形进行，预期有增值的利益；换言之，从成本、效益的衡量来说，才是合算的。

客户若从可达效用方面来思考商品，较愿意付出代价。

（3）责任感或成就感的效用。

例如期望用低价格购入品质优异的机器或零件、材料等，便能对公司利益、降低成本有所贡献，从而有升迁的机会，这就是希望满足成就感。

至于各种保险，也因为要获取责任、成就感，所以才订契约的——保险的要求无非是为了家属或公司着想。

没有事先计划

推销员要对产品知识和客户需要作好充分的准备，最好有一个详细的计划。

营销事典

迈克的公司新开发了一种热水器，可以比普通的热水器节约20％的用电量。一天，他在为客户威尔太太作产品演示，威尔太太注意到这款热水器的安装高度要比普通的热水器高一些，便说："这样不太好吧，先生，我家热水器的安装孔都是预置的，如果换用这款产品，我们还得再作调整，这也太麻烦了。"

“这个……嗯……我们公司说……”

迈克有些发窘，他从来没考虑到热水器安装时要注意的问题，他一向觉得那是产品卖出之后的事，与他无关，所以他一向懒得去了解这方面的知识。

深入分析

在推销之前的准备工作中，制订多个不同推销方案的好处在于：你会清楚万一初次推销宣告失败，你还可以提出哪些不同的选择由对方思考，而不至于毫无准备地接受一项你根本就不满意的交易。

在制订不同的推销方案这个问题上，你千万不要自以为是地以为：“推销根本不会失败，现在想那么多问题干吗？”对一个试图逃避艰巨的推销准备工作的不合格的推销者而言，这确实是一个极好的借口，但我们应该看到事情的另一面。

在许多情况下，自认为推销不会失败，从而只抱定一种既定的推销目标不放，有时确实也不会造成什么损失，但是，绝大多数的谈判都会按照不同的形式进行，并且时常迟迟无法达成协议。如果你事先没有准备好其他的方案，你很可能被迫接受一项远远低于你满意程度的交易。你会在毫无退路的情况下，切实地感到那种“挥泪大甩卖”的心理压力。

要想在推销中获得利益，在开始阶段打下一个比较坚定的基础是必不可少的。而在建立这个基础之前，推销员首先要做好扎扎实实的准备工作。

推销员在接触客户之前就要将客户可能会提出的各种拒绝理由列出来，然后考虑一个完善的答复。面对客户的拒绝事前有所准备，就可以做到心中有数、从容应付。

当你向客户作产品介绍时，整个介绍过程应该是非常有组织的，是事先计划好的。在此过程中你要如何解说介绍，如何带动客户，以及如何让他们参与产品的介绍过程，都应该经过完整的设计和规划。客户对你产品的印象，有80%是从你如何介绍、解说你的产品而来，如果你在产品的介绍过程中表现出来的是缺乏知识、毫无组织、杂乱不堪的话，那么客户会认为你的产品质量低下、品质不佳。

正确做法

在你的计划中，要确保你的介绍能做到以下几点：

（1）能毫无遗漏地说出客户解决问题及改善现状后的结果；

（2）能让客户相信你能做到你所说的；

（3）让客户感受到你的热诚，感到你愿意站在客户的立场，帮助客户解决问题；

（4）遵循“特性—优点—特殊利益”的陈述原则；

（5）遵循“指出问题或指出改善现状—提供解决问题的对策或改善现状的对策—描绘客户采用后的利益”的陈述顺序。

接下来就要进行事实状况陈述。

顶尖诀窍

凡事预则立，不预则废。对于推销员来说，这句话永不过时。

所谓事实状况陈述，意指说明产品的原材料、设计、颜色、规格等，也可以说明产品的一些特性。

一般来说，产品介绍都针对对方所提的问题或讲的话进行回答。交谈初期，先向对方如实介绍自己的产品或服务。这时，你已摸清对方的需要，对方亦在考虑是否购买你的产品，同时想了解更详尽的情况。

推销宣传有如下 5 个要点：

（1）对方提问或讲话后，稍作停顿，或重复一遍，这样可以有点时间考虑；

（2）详细介绍一下产品或服务的功能，这是重点；

（3）要提供证据使对方相信产品的优点是真实可信的；

（4）把自己讲过的话归纳一下以突出重点；

（5）证实对方接受了你的宣传，认为你的话合情合理。

当然，这种宣传也不是一成不变的，并非一定要按照前面所讲的几个步骤进行才有效，重要的是要让客户领悟和理解产品功能所带来的好处。仅仅让客户听到你的话是不够的，你要了解自己所销售商品的各方面的知识，并随时去追求与事业、工作有关的技能，这并非为公司而学。第一是为自己的前途打根基，第二是为客户而学。学到知识无异于获得财富，永远享用不尽，凭此既可以高高兴兴地完成自己的工作，从而提升自己的社会价值，也可以使自己和家庭的生活更为美满，并得到广大客户的欣赏，自然也令公司得到好处了。

假如产品介绍并未生效该怎么办？

应该重新从另一方面进行宣传，弄清客户的需要，这些需要未必与你根据以往经验想象出来的一样。

妙语点评

的确，推销是打仗，谈判桌是战场。战争讲究“知己知彼，百战不殆”，推销也是如此。这个“知己知彼”，就是准备工作——它的意思是：没有做好充分的准备工作就不要上战场，否则没有好结果。总之一句话：不要打没把握的仗！

没能让客户亲身感受产品

实际上，产品最有说服力，让客户亲身感受是十分重要的，这样成交机会更大。

营销事典

一位推销员正在推销跑步机，可是不知什么原因，一直没有打开他的产品包装箱，一位客户走了过来。

客户 ："这些是什么控制按钮？你们没有一种只有简单开关的跑步机吗？我只想锻炼身体，不想要一部通过阅读说明书才能启动的高科技器械。"

推销员 ："其实要学会操作这台跑步机是很容易的，你只需要看一下操作说明书就行了。"

说着推销员拿出说明书，翻开一页，指着一个图表。

推销员 ："看！只要按着这里，输入你想锻炼的时间……然后这部机器就会提示你以下的步骤。它会给你几个选项，每个都提供分量差不多的锻炼程序，日后你可以逐渐增加速度和延长锻炼时间。或者如果你喜欢的话，可以慢慢来，暂且选择最基本的来锻炼，让自己轻松一点。"

客户 ："这么复杂，我看还是算了。"

推销员要学会利用所推销的产品来引起客户的注意和兴趣，这种方法的最大特点就是让产品作自我介绍，即用产品自身的魅力来吸引客户。

一位鞋厂推销员把该厂生产的设计新颖、做工考究的皮鞋放到郑州华联商厦经理办公室桌上时，经理不禁眼睛一亮，问："哪产的？多少钱一双？"

广州表壳厂的推销员到上海手表三厂去推销，他们准备了一个产品箱，里面放上制作精美、琳琅满目的新产品，进门后不说太多的话，把箱子打开，一下子就吸引住了客户。

这个道理对于一些不懂得怎样使用某些产品的客户来说尤为重要：当你向客户示范一部录像机可以如何轻易地录下一些电视节目后，客户大多会把它买下来。美容界的顾问知道，如果他们向客户示范运用化妆品或护肤品的正确方法，商品的销路就会好些。倘若你让客户品尝新款食品之余，同时教会他们如何烹调，他们大多也会作出购买的决定。

深入分析

"百闻不如一见"这句话也适用于销售。要向客户说明产品的特性和好处，其中一个最好的方法就是让他们实际地体验到一些卖点。如果客户可以用嗅觉、触觉或味觉去感受一件产品，或者亲自操作、使用一下有关产品，他们很快就会明了产品所能够给予他们的好处。

正确做法

上面这位推销员只要打开他的产品包装箱，让那位客户亲自操作一下，效果肯定会好得多。

1. 准备好

在你要拿某产品作示范或让客户试用之前，需要小心检查物品是否操作正常。如果客户发现门闩锁不上、蒸煮器具没有蒸汽或者闹钟并不会响闹，都会给他们留下一个

顶尖诀窍

客户眼睛看到的、耳朵听到的都是一种理性认识，远远不如让客户做一次亲身体验来得真切。

坏印象。

售货员事先应亲自测试有关产品，以掌握它的用法，无须在客户面前逐步摸索。能够毫无遗漏地展示出产品的特性和用处，才不会给客户留下产品难以使用的感觉。你也可能因此得到一些装配或操作上的启示，继而传授给客户。如果你发觉产品并不可以正常操作，你应该找到解决问题的方法，不要让客户带着已损坏的商品回家，然后感觉沮丧。

2. 自己表演

推销员利用各种戏剧性的动作来展示产品的特点，是最能引起客户注意的。

一位消防用品推销员见到客户后，并不急于开口说话，而是从提包里拿出一件防火衣，将其装入一个大纸袋，旋即用火点燃纸袋，等纸袋烧完后，里面的衣服仍完好无损。这一戏剧性的表演使客户产生了极大的兴趣。卖高级领带的售货员光说“这是金牌高级领带”，这没有什么效果，但是，如果把领带揉成一团，再轻易地拉平，说“这是金牌高级领带”，就能给人留下深刻的印象。

3. 注意事项

（1）电器和工具：接通电源，让客户看到又听到产品运作的情形；示范电钻不同的转速，设置时钟的响闹，预设录像程序和重播功能，用微波炉烤几个面包圈让客户品尝。

（2）化妆品和浴室用品：提供一些小巧的样品给客户拿回家试用；开启并注明哪些是可试用的产品样本；建议客户传用你的产品；把淋浴露或淋浴泡沫放进一盆温水中，让客户触摸它的质感或嗅嗅它的香气。

（3）食物：向客户展示怎样使用某种材料烹调一种食品，派发食谱，陈列几款建议的菜肴，并让客户现场品尝。建议如何用某种食品搭配其他菜式，例如，做一顿与众不同的假日大餐，或将它制成适合野餐或其他户外活动享用的食物。

（4）家具：鼓励客户亲身体验。请他们用手触摸家具表面的纤维和木料，坐到椅子上或到床上躺卧一会儿，亲身感受一下；用餐桌布、食具和玻璃器皿布置桌面；整理床铺后，摆放两个有特色的睡枕；书桌上摆放一盏台灯和一些读物；给客户展示如何从沙发床里拖拉出床褥；也可请客户坐到卧椅上，尝试调整它的斜度。

> **妙语点评**
>
> 制造商设计并决定产品的特性，只有客户才可以确定它的好处。正因为每个人都有自己独特的需要和爱好，所以你要让你的客户亲身体验一下你的产品的优越性，这样才能让他对产品有一种感性认识。

含糊报价

报价是推销工作中的一项重点，好的报价可以带来更大的成功机会。

营销事典

杰玛德经过几次拜访，终于与戴维斯先生就购买网络服务器达成了初步意向。这天，他又来到戴维斯的办公室。戴维斯一看到他便说："杰玛德，你来得正是时候，刚才财务部打电话给我，要我把新购设备的报价单给他们传一份过去，他们好考虑一下这笔支出是否合算。"

"这个嘛，你别急，价格上不会太高的，肯定在你们的预算支出之内。"

"杰玛德，财务部的人可是只认数字的，你总应该给我一个准确的数字吧，或者把报价单做一份给我吧。"

"哦，放心好了，戴维斯，顶多几十万，不会太多的。对您这么大的公司来说，这点钱实在不算什么。"

戴维斯闻言十分不悦，说："杰玛德，几十万是什么意思？这也太贵了吧。你怎么连自己产品的价格都如此含混不清呢？看来，我得仔细考虑一下购买网络服务器的事了。"

报价的提出及实现不是孤立的和一厢情愿的问题，是综合了多方面因素和双方条件的结果，因此，所有的谈判者在报价问题上必须采取认真、谨慎的态度，做好各项准备工作。

深入分析

报价是业务谈判的一项重要工作，是指一方或双方向对方提出自己的价格条件和附带要求。报价得当与否，对报价方的利益和以后的谈判有很大影响。

推销员要全面、准确地掌握报价的依据，掌握交易商品的市场供求和成本情况，做到心中有数，以适应不同订货数量和交货时间下灵活掌握价格的需要；并要掌握对方有关情况从而制订出一个报价最佳方案。

有时推销员对产品的功能、作用、质量了解不多，尤其是对产品的价格构成不甚了解。在客户觉得产品价格较高并提出询问时，推销员不能用足够的证据来说明所定价格的合理性，不能向客户提供与说明价格的构成。推销员的这种模糊的价格意识会对推销产生直接影响。

> **顶尖诀窍**
>
> 一分钱一分货，数字上含糊不得。

正确做法

要掌握报价原则。

1. 科学定价原则

制订一个合理价格是处理好价格问题的基础与前提。在市场经济条件下，产品价格的确定受到多种因素的影响。

这些因素主要有：

（1）产品成本因素。产品的总成本是推销员制订价格的最低经济界线。产品的价格应高于总成本，但价格高于成本比例越大，产生推销价格难题的可能性越大。

（2）竞争对手及竞争态势因素。

（3）产品的市场需求弹性。

（4）市场供求因素。产品的最后成交价格受市场供求的影响。

（5）其他因素。消费心理（购买心理）状态、企业的市场定位与市场经营目标、政府与其他有关管理部门对市场价格实施控制与指导的手段等也是影响定价的重要因素。

推销员应在充分考虑上述因素后，再根据定价策略制订出合理的产品推销价格。

2. 坚信价格原则

推销员必须对价格有信心。推销员定价前应慎重考虑，一旦在充分考虑的基础上确定价格，就应对所制订的价格充满信心。要坚信这个价格是令多方都有利因而都会满意的价格。

3. 先价值后价格的原则

在推销谈判过程中应先讲产品的价值与使用价值，不要先讲价格，不到最后成交时刻不谈价格。

推销员应记住，越迟提出价格问题对推销员就越有利。客户对产品的使用价值越了解，就会对价格问题越不重视。即使是主动上门取货与询问的客户，亦不可马上征询他们对价格的看法。

4. 坚持相对价格的原则

推销员应通过与客户共同比较与计算，使客户相信产品的价格相对于产品的价值是合理的。

相对价格可以从以下几方面证明：相对于购买产品以后的各种利益、好处及需求的满足，推销产品的价格是合理的；相对于产品所需原料的难以获取，相对于产品的加工复杂程度而言，产品的报价是低的；产品在购买初始价格好像是高了点，但相对于产品在使用过程中，由于优质优价而节省的修理费用、修理时间以及由于修理而带来的各种损失而言，产品的报价是低的；相对于推销员所给予客户的各种优惠补偿以及服务等，产品的推销价格是低的；从产品的整体看，由于产品的包装好、品牌好、企业有信誉，所以价格是合理的；虽然从绝对价值看价格好像是高了点，但是每个受益单位所付出的费用相对少了，或者是相对于每个单位产品，价格是低的。

妙语点评

了解公司的价格政策，熟悉市场上竞争产品的价格行情，针对客户的需求，同时留出自己的回旋空间，然后给客户一个合理又能打动他的报价，那么，你离成功推销的目标就很近了。

对自己的企业了解不充分

企业是推销员进行推销工作的背景和支持力。

营销事典

莱思莉·康姬在一家提供运钞车和现金运转服务的公司担任行销和业务部副总裁。她们公司会先去领取客户的钱，然后把钱存到指定的银行。公司是南加州的一个有钱有势人家开的，公司里的高级主管全部都是这个家族的成员，但莱思莉·康姬除外，她是为数不多的外姓人中的一个。

莱思莉·康姬是一个非常有才华和能力的人，她对她的同事都是一个家族的并没有成见。她认为只要她有能力，公司会认可她的，然而情况并非她想的那样。

一个总部位于西雅图的大客户最近进行了一场并购行动。据估计，新的子公司每年将为他们带来的额外收入可能超过8.5万美元。所以在这个客户移交到莱思莉·康姬手上的时候，她衷心希望能为这个新近并购的公司举办一场说明会，介绍公司能为其效劳的业务。

结果，当莱思莉·康姬打电话向这家公司的秘书表明身份并要求和贝蒂·威尔森小姐说话的时候，秘书却告诉她威尔森小姐当下不方便接电话，但是稍后会回电话给她。可是莱思莉·康姬却没有接到威尔森小姐的电话，即使她每个礼拜都打电话给威尔森。

一连打了6个月，莱思莉·康姬也没接到威尔森小姐的电话。不过威尔森小姐却跳

深入分析

莱思莉·康姬在公司担任副总裁的职位，对威尔森小姐来说并不代表什么，她只觉得她的姓不是这个家族的姓。

过她这关,直接和公司里的几位家庭成员接洽。每一次她都对他们说:“我希望和你们公司老板级的人物打交道，我可不愿意和你们的部属打交道。”

幸好这个家族对莱思莉·康姬还算信赖，每回威尔森小姐打来电话，他们都告诉她说:“康姬小姐是经办贵公司事务的最佳人选。”可是威尔森小姐还是拒绝接听康姬的电话。

有一天下午很晚的时候，莱思莉·康姬又打了一次电话给威尔森小姐。显然她的秘书已经下班了，因为是威尔森小姐亲自接的电话。“嗨！您好！”莱思莉·康姬兴高采烈地和她打招呼，并说，“我是莱思莉·康姬，真高兴终于有机会和您本人通上电话。”

只不过这次通话她们并不愉快。威尔森小姐很唐突地说:“我不喜欢你们公司给我的待遇。我和你们公司老板级的人物做生意做了这么多年,我可不高兴被你们当作二等客户来看待！”话音刚落,“砰”的一声，她就把电话挂断了！

这个公司展示给外部人的形象就是一个家族企业，像威尔森这样的客户不在少数，她们不信任一个家族企业中的外姓人。

其实就做法来说，康姬没有错，但是康姬却不了解自己公司的外在形象，以致阻碍了自己的谈判。

大多数公司都有一系列产品、服务、政策措施，以适应不同的客户需要。当竞争对手提供的产品几乎相同时，对买者来讲，公司的情况比产品情况更重要。客户也许会倾向于购买有良好的声望以及交通较便利的公司的产品。

顶尖诀窍

了解企业的外在形象以及内在的经营状况。

推销员应该熟悉企业各部门有关人员

的情况，如各部门主要负责人是谁，处理相关事务的人是谁，他们的工作风格及个人特征等，以及公司的领导阶层都有谁，每个人的背景如何，他们曾为公司做过什么，他们在本行业中地位如何。如果是这样的话，他们可以有效地帮助你做成生意。因为公司管理人员的名声和意志是产品的坚强后盾。如果高层管理人员名声很差，客户将不愿与这样的公司打交道。

推销员应努力与这些人员建立良好的工作关系，以获得他们的支持和配合。当出现服务方面的问题时，推销员应知道怎样与服务部门的有关人员联系，迅速解决客户的问题；如果客户要求获得技术方面的咨询，推销员应能找到称职的技术人员；如果客户需要在账目上履行一些特别的手续，推销员应能说服财务部门提供客户要求的财务手续；如果货物在运输途中出了问题，推销员应能获得企业储运部门的协作，迅速找到解决问题的办法。因此，有人说，推销员应在企业内建立一个非正式的、庞大的网络，以便使客户更满意，使推销工作更顺利。

正确做法

1. 了解企业的发展历史

了解企业的发展历史，可以获得许多有价值的资料，其中相当一部分可以用来在客户中树立本企业形象、传播企业的文化。这些资料包括：企业创立的时间与地点，早期的生产规模和产品种类，早期的销售情况，新产品的发明日期和发明过程，企业名

妙语点评

作为一名优秀的推销员，必须了解自己的企业、自己所推销的产品、自己将要面对的竞争者，才能取得成功，才能成为行家里手，才算是一个职业推销员。

称或商标的出处，为企业发展作出贡献的人物等。

2. 了解企业的组织机构与人员

推销员需要与企业内部的多个部门和人员合作，才能顺利完成销售工作。例如，按照订单交货这样一个比较简单的工作环节，就需要销售部门之外的许多部门的配合。订单要经财务部门作相关的账目处理，然后要同储运部门安排具体的运输事宜；如果没有现货，则需由生产部门安排生产。因此，推销员应该熟悉企业的组织机构状况，熟悉每个部门的职责权限和工作程序，这样才能更好地完成工作。

3. 了解企业目前的经营状况

了解企业目前的经营状况，如竞争能力、生产能力、市场占有率、行业地位、销售区域及销售额等。这些情况往往是推销员击败竞争对手的有力手段，也是说服客户的有效工具。

4. 了解企业价格政策

了解企业的价格政策及规定对有效完成推销任务十分必要，因为报价与讨价还价都是由推销员来进行的。

由于企业管理推销活动的方针与方法不同，推销员在价格制订与执行中所起的作用也不一样。有些企业赋予推销员较大的权力与责任，有些企业则要求管理人员较多地过问每笔业务的价格问题，而无论在哪种情况下，推销员的任务都是一样的，那就是：正确理解和执行企业的价格政策，维护企业的利益，同时促进成交，不断扩大产品的销售。

介绍没有专业性

成为专家是使客户信服的方法。

营销事典

一家车行的推销员正在打电话推销一种用涡轮引擎发动的新型汽车。在交谈过程中，他热情激昂地向他的客户介绍这种涡轮引擎发动机的优越性。

他说："在市场上还没有可以与我们这种发动机媲美的，它一上市就受到了人们的欢迎。先生，你为什么不试一试呢？"

对方提出了一个问题："请问汽车的加速性能如何？"

他一下子就愣住了，因为他对这一点非常不了解。

理所当然，他的推销失败了。

深入分析

掌握专业知识有助于更好地掌握推销控制权。记住，人们只会更尊敬那些深谙本职工作的推销员。

房地产经纪人不必去炫耀自己比别的任何经纪人更熟悉市区地形。事实上，当他带着客户从一个地段到另一个地段到处看房的时候，他的行动已经表明了他对地形的熟悉。当他对一处住宅作详细介绍时，客户就能认识到推销员本人绝不是第一次光临那处房屋。同时，当讨论到抵押问题时，他所具备的财会专业知识也会使客户相信自己能够获得优质的服务。前面这位推销员就是因为没

顶尖诀窍

推销员也需要博学多才，尤其是对你的产品一定要作一个全面了解。

有丰富的知识使自己表现得没有可信性，才使他的推销失败，而要想得到回报，你必须努力使自己成为本行业业务方面的行家。

那些定期登门拜访客户的推销员一旦被认为是该领域的专家，那他们的销售额就会大幅度增加。

比如，医生依赖于经验丰富的医疗设备推销代表，而这些能够赢得他们信任的代表正是在本行业中成功的人士。

毫无疑问，不管你推销什么，人们都尊重专家型的推销员。在当今的市场上，每个人都愿意和专业人士打交道。一旦你做到了，客户就会耐心地坐下来听你说那些想说的话。这也许就是创造销售条件、掌握销售控制权最好的方法。

正确做法

1. 学习知识，拓展自己的认知领域

推销员要想使自己说出的话透出权威的气息，就不仅应当掌握产品知识，而且应当具备法律与税务方面的背景知识。因为推销产品常常会涉及很多问题，如房产计划、合作者之间的买卖协议等，所以推销员具备上述领域的知识和能力是至关重要的。尤其是老练的客户，他们更看重推销员的敏锐眼光并且依赖于推销员的权威意见，从而决定怎样买、买多少。

2. 请专业人士帮助自己

有时，你常能看到一位推销员领着上司

妙语点评

实际上可以说，所有的推销者都想尽力使自己成为产品使用的专家。商业推销中，要求我们在推销前有所准备，只有清楚地了解自己产品的各方面状况，才可能常胜不败。但是，我们也要认识到，对手也在做着同样的工作。我们的知识要多于对手的知识，才能获得客户的认同。

再次去拜访客户。“这位是我们的地区副总裁托马斯先生，他想和您交换一些您可能感兴趣的意见。”

这是一种“请来专家”的策略，客户也往往愿意听听专家的看法。如果来人名副其实的话，客户不仅愿意倾听，而且愿意作出购买决定。但是，如果来人徒有虚名的话，客户很快就会让他栽一个大跟头！

3. 请教客户

这时只能针对一些不影响自己介绍产品优越性的方面来让客户说话，否则你就会陷入客户为你布下的陷阱。

自己不了解的，不妨向对方请教这方面的事，这样绝对能让对方高兴起来。毕竟客户也有表现欲，希望能够一展所长，不是吗？

不过，为防客户滔滔不绝地说，推销员有必要控制场面，把对方感兴趣的话题定为“3”，推销方面的话题定为“1”，然后以3 ∶ 1的比例互相交谈。

对自己的产品没有信心

要对自己的产品有信心，这样才能赢得客户对你的产品的信任。

营销事典

希尔是一位厨具推销员。他举止高雅，言谈不俗；他洞悉客户的各种心理，心思敏捷，灵活机智；他和客户的谈话也总是在一种幽默温馨的氛围中进行。

一次，他在一个小镇集会上展示自己的厨具。他滔滔不绝地介绍着，围观的人群气氛也很热烈，可正当希尔扬扬自得、准备收大把的订单时，他的一位邻居突然说："既然这种厨具这么好，你家里为什么还用别的厨具呢？"

"这是两码子事，可不可以不要混为一谈？公司的产品我也是老早就想买进一套来用，不过你又不是不知道我最近手头并不太宽裕。几个月前我撞了车，所以目前一直搭乘公车和计程车。干我们这一行的，没有车子就等于没有生意。"希尔略微停顿后继续说道，"除此之外，祸不单行的是我太太前几个礼拜还住进医院，也花费了不少钱和时间。这一切意外忙得我团团转不说，收入也大不如前。啊，我们目前并没有加保，医疗费可能又是个无底洞。我是一直都想拥有一套公司的厨具，不过看看目前这种种状况，短期

深入分析

现在我要问问大家，你到底相不相信生意人？如果你是福特汽车公司的经销人员，自己开的却是雪佛莱的轿车，那么会有多少人对你所推销的东西有信心呢？不管你信不信，为了自己、为了公司业绩、为了亲朋好友或者是客户的利益，你千万要对自己的产品有足够的信心。如果做不到，奉劝你早早改卖其他产品或者干脆转行算了。

内恐怕无力购买。”

人群立刻炸开了。

“这说明你不相信你的产品，你都不相信，还怎么让我们相信呢？”

顶尖诀窍

将心比心。你的产品因为你相信，客户才会相信。

希尔后来吸取教训，为自己订了一套厨具，从此希尔的推销业绩节节攀升。因为他已完全理解了客户的想法，更能运用同情心来加以化解。

希尔因为对产品深具信心，以“不买会后悔”的心理来说服，结果当然也就出奇得有效，生意越来越好。

有位推销界人士说：“如果你不认为客户不买就会后悔，那么你可能卖错东西了。反之，如果你义无反顾的话，则事实将会胜过雄辩。”推销是一门将心比心的事业，如果连你都不相信了，怎么叫客户相信？只有你态度坚决，对产品信心坚定不移时，才能一举攻破客户“心防”。

所以，除非你相信普天之下只有你现在卖的东西是最好的，否则你的心胸永远无法坦荡，推销表现也绝对无法得心应手。如果做不到这样自信，你将永远是个推销事业上的大输家，成交的可能也会屈指可数。

如果推销员能让客户与自己一样对产品有着相同的好感，则客户极易向你购买东西，这时候钱自然不是问题。

因此，当你想传达某一种感觉时，首先自己得先有那份感觉。如果你企图说服他人去做连自己都做不到的事情时，不久即易被对方识破。当然，偶尔你也可能成功，不过这都不是长远之计，最重要的是你自己先要对产品有绝对的信心才行。加拿大一著名业务经理曾经说道：“推销之道无它，心诚则灵。”其中之关键就在于“相信”这两个字。

正确做法

1. 选择好的产品

假如产品或服务无法为你的客户提供有形的价值与效益，即使是世界上最合理的奖金制度，也不能为你提供持续增加的收入。这个定律是经过实践一再被验证的。

你靠产品和服务来赚钱。没有优良的产品或服务，你的事业就不能持久。你选择的产品必须是能改善生活质量的产品。劣质产品代表微薄的收入。这个行业直接根据你的努力来支付酬劳。

2. 自买自卖

寿险公司经理常自豪地预估旗下推销员一年内可以成就多少业绩，这些估算大多以过去业绩为基础。推销是一门心灵感通的学问，其中最重要的是要诚实，要能够相信产品、相信自己。

一名从事消防预警器材生意的推销员一直在为自己的业绩低迷而苦恼，经专家指点后他才恍然大悟，原来他自己也不相信自己所卖的产品，因为他压根儿没想过自己也需要。于是，这位推销员不久后也为自己添购了一套。这位推销员发现，就在他购进这套消防预警设备后，一个月内他的业绩居然大有起色。

3. 热爱产品

你知道吗，对自己的产品和服务充满着热情的人，他们满屋子都是各种各样的产品！客户们几乎无法拒绝那些真正热爱自己产品的人。这些人都非常棒！他们在生活和情感上都非常充实。对工作的热爱是成就事业的前提。

妙语点评

诚信即是我们应对自己所推销的东西具有坚定不移的信念。只要自己信念坚定，也就少有不动心的客户。能做到这点，你对客户的说服就更有力。

不管你推销什么，请在家中自备一套。

4. 让你的朋友们分享这种产品

我们有责任将得到的好东西与人分享。这有点类似这样一种观念：要确保让好的事物永久相传。如果你享受了产品或服务，再与他人分享，你就实践了一种自然的义务。

5. 热爱自己的同事和公司

优良的产品来自优秀的公司。让新人对公司及其组织成员产生热情是很容易的。

假如你要找一个对产品和服务具有不可动摇的信念的人作为典范，不妨请公司里的主管来。对产品和组织成员的投入使他们得到今日的地位，在他们的领导下，公司和成员会不断向前迈进。

每个伟大的推销公司在高层都有很优秀的人才，它们的高层领导者大都了解推销事业是产品的导向，是经销商的导向。他们的注意力、创造力和支持的重心都在促使推销事业尽可能成功。公司的领导人物就像构成营销产品或服务的要素一样，在实际价值中占有重要地位。

过多地泄露自己的秘密

推销需要高明的“掩藏术”，切忌凡事实话实说。

营销事典

经营房地产推销的吉拉德先生有一次承担了一项艰巨的工作。他要推销的那块土地虽然有火车通过，交通便利，却紧邻一家木材加工厂，电动锯木的噪声很大，但是噪声并没到难以忍受的地步。

吉拉德先生想起有一位客户想买块土地，其价格标准和地理条件与这块地的情况大体吻合，而且这位客户以前也住在一家工厂附近，整天噪声不绝于耳。于是，吉拉德先生前去拜访这位客户。

“这块土地处于交通便利地段，比附近的土地价格便宜多了。当然，价钱之所以便宜自有它的原因，就是因为它紧邻一家木材工厂，噪声较大。如果您能容忍噪声，那么它的交通地理条件、价格标准均与您希望的非常相符，很适合您购买。”吉拉德先生如实地对那块土地做了介绍。

那位客户立刻摇头道：“那不太好，我已经饱受噪声之苦，想清静一下子。”

“其实，情况并不像您想的那样糟。”

“不行，我不会考虑这样的地方。”

深入分析

有些东西是不能直接告诉客户的，因为在不影响购买欲望的情况下，这会成为他杀价的理由。

推销员在确认客户不反感商品的某种缺陷后，应委婉地表述，而不是直言泄露自己的秘密。

常识告诉我们：对方知道得愈少，对

自己就愈有利。因此，在了解客户的同时，我们还有一件很重要的工作要做，那就是保守自己的某些秘密，不要让它泄露或过早地泄露，以免让对方知道自己的全部实力。否则你会像穿着新装的皇帝一样，在你的客户面前一览无余！

顶尖诀窍

以保密方式来处理所有的支持性材料，注意收藏和保管，绝不可随意乱放。

到了今天，几乎每一个企业都被商业间谍所包围。在推销中使用商业间谍是极富诱惑性的，没有任何收益会比这个快。

在推销中商业刺探的诱惑力极大。恐怕没有什么能比这方面产生的利害关系更大，收益更快的了。你可以设想如果买方能刺探出卖主可接受的最低价格有多么重要。对巨额交易来说，这种情报可能值几百万元，而往往获取这一情报的投资不过才几元钱。

所以，我们也要时时警惕自己的推销机密被竞争对手窃取。

妙语点评

把实力摆在脸上的人，不是自大狂就是因为过度自卑。在推销中泄露实力是最不可原谅的错误。有一种说法：推销=智力+眼力，其关键在于用两种力量掩护自己实力的极限。泄露实力意即把自己的一切像个透明人似的展现在对手面前。

正确做法

1. 资料保密

安全措施要始于资料的保密。资料的收集、分析和保管要建立起严格的程序；资料要在严格的规定下才可以调阅；工作的地方也要在严格控制下才可以接近。合理的安全措施必须能够防止任何形式的渗透。

2. 言谈保密

（1）不要和性格浮躁、嘴不严的人谈

及你的推销情况；

（2）不要多嘴多舌；

（3）不要让不必要的人了解你的推销情况；

（4）让那些需要知道的人只知道他应该知道的部分，不要超出这一范围；

（5）不要向对方提供太多数据，除非为了战术上的考虑才显得大方；

（6）不要让太多人知道最终标价。

| 第四章 |

在客户服务中可能犯的错误

服务承诺成为一纸空谈

为客户着想不是说说而已，而是在售后服务时的实际行动。

营销事典

夏天，又到了游泳的季节。如果一个孩子还没有独自在泳池里安全游泳的能力，就可以套着充好气的游泳圈在泳池里玩耍。而塔德就是一位“游泳圈”的销售者。有一天，他接到一个电话，是一位老太太打来的。她说因为自家的游泳圈坏了，而自己的小孙女又要下池玩水，问有没有充气的游泳圈，并问把游泳圈充好气送到游泳池要多少钱。

“游泳圈是995美元，而充好气的则要加45美元（很明显应该是一个商业承诺）。”塔德干脆利索地说。

“为什么这么贵？”

“因为充气和送货是另外加的服务，当然要收额外的报酬。”

“可是，你们不是承诺给客户最好的服务吗？”

“那当然，我们的服务是以让您满意为准。”

“不必了，我还是找另外一家吧！”

深入分析

也许你已经完成了整个推销程序，到了即将与客户签署合约的时候了。这时候，这个客户可以说是已经被你说服了。但是，在此仍然想提醒你的就是，一次真正的销售是永远不会真正结束的。

100年前，有一位意大利的爱国志士马志尼曾经说过：“胜利的明天要比胜利的前夜更为艰险。”当你获得了一张签了字的订货单，这不过是表示你完成了推销的初步工作而已。从此以后，你公司中处理这笔交易的人员包括你自己，或是一位助理业务员，或是一位修理师，还要开始一个冗长的连续性的推销，他们需要的时间不会比你和这位客户谈生意时所需的时间少。

顶尖诀窍

与客户建立良好的关系。

只要你的货品的质量稍微差一点，或者当时服务稍不周到，客户就可能会中止与你的交易。换句话说，推销并不是仅仅收到订货单就算了事，就可以不管日后的情况了。要记住，在推销完毕之后，你所需要花费的工作精力往往比在推销完毕之前还要多哩！

没有一件产品是十全十美的。当然，产品制造得愈好，其需要的质量服务工作愈少；但是，如果需要服务，那么服务一定要是最好的。这种工作应该由受过训练的人员去做，并应该利用你们公司所制造的、经售的或所介绍的最好的零件与材料。

作为推销员，你应该充分了解客户的各种需要，并采取措施帮助客户。

正确做法

1. 建客户资料卡

客户资料卡就是把潜在客户的名单及了解到的情况用卡片形式记录存档。在实际推销中，许多活动都要引用此卡上的内容，而卡片上的记录则应随工作的不断进行而不断增添。对拜访过的客户，要将拜访情况记录在卡片上，以备后用。

客户资料卡应该可以让你清楚客户的一切。

> **妙语点评**
>
> 订单固然已经签订了，但这还不能说客户已完全决定买了，可能只决定了一半，也可能只决定了3/4。他们对于所签购的货物仍然可能产生怀疑，因为他们还没有完全认识到货品优点之所在。这时，推销员就要不断地继续前往拜访，使客户完全接受你和你的产品。

2. 与客户建立良好的关系

有时候，客户会因为对推销员不满（譬如成交后就不见人影）而用异议来表示抗议。

因此，在签约后，还须经常拜访、问候客户，建立良好的关系。

还有，如果彼此交情深厚的话，即使发生异议也总是能大事化小、小事化无。若双方关系不佳，往往小问题也会被渲染、扩大，闹到不可收拾的地步。

3. 为客户工作

过去，一些业务员工作起来像机器人似的，每天出去手中总是拿着一本订货簿，见了人总是用一句推销上的口头禅：“先生，今天您要多少箱？”但是一位真正想“为客户而工作”的推销员却不是这样。他会认真地去分析客户和他的商店的情况，还会去研究、了解附近地区的情形，从而了解该地区一般家庭的状况。如果当地一般家庭只能买 0.35 元一瓶的汽水，那么他就知道向他们推销 0.45 元一瓶的汽水是没有用的。此外，他还应进一步研究附近居民的籍贯及来源，如果其中上海人比较多，那么在这个地区销售上海风味的食品就会适销对路。

推销员若是向客户讲解有关其产品的推销要点，那就会更受欢迎。比如，指点客户如何才能使他们的店面更能吸引顾客，这时，他就成为一位真正为客户服务的推销员了。作为一位推销员，他自然会充分地体会到，除非他卖给客户的货品客户能转卖出去，否则他所能收到的订单是不会多的，只会一天一天地少下去。

不能正确对待客户的抱怨

客户的抱怨中有你需要的信息。

营销事典

在亚历山大的一家服装销售公司里，推销员墨瑞正在忙着整理这个月的销售记录。突然，一个年轻男子从前门破门而入，挥舞着一条裤子，大声叫喊着："这种牌子的裤子太差了，我花了钱，我……"

墨瑞从椅子上一跃而起，就像消防员听到了四级火警一样，一下子就跳到了门口。

"先生！"墨瑞大喊一声，声音足以盖住那位生气客户的叫喊。"先生，"第二次要轻柔许多，墨瑞道，"请不要在我的店里大声叫嚷。如果这裤子有什么问题，我怎么会把它卖给你呢？恰恰相反，我保证我们售出的东西都是由质检员专门检查过的。我想是你弄错了吧！这条裤子看来也不像我们公司的货。"

"怎么，你小子想赖账，就是你将它卖给我的，我记得你当时说得天花乱坠，我一

深入分析

推销员要正确对待客户购买后的不满。客户的不满绝大多数都是由于你所推销的产品或提供的服务存在着缺陷，这些缺陷在客户使用产品的过程中暴露出来，引起了客户的抱怨。

时糊涂，竟然上了你的当。”

“先生，不要说了，有什么呢？”说完，他抓过裤子把它随意地扔到了角落。“我会给你一条新的裤子。不就是想要一条新的吗？你这样的我见得多了。”

“你……我要投诉你。”

客户的不满对卖家来说的确是一种灾祸，因为产品质量毕竟还是存在问题，客户有意见不向你诉苦也会向别人诉苦。与其让客户向别人诉苦，扩大公司利益的损失，不如让他向你诉苦，好让你作出及时正确的处理，消除客户的埋怨，使之成为转祸为福的机会。

客户的不满有时是因误解导致的。客户向推销员诉苦，无疑给推销员一个向他解释或澄清的机会。一旦通过解释获得满意，客户对推销员和产品的印象当然能够改观，甚至还乐于充当义务宣传员，替推销员向别的客户解释。

要知道，推销员能够直接倾听到的这种不满事实上只是一部分。假设产品中的不良品占产品总量的 25%（包括存在最轻微缺陷的），这 25% 的不良品到了用户手中，不可能全都被用户发现。进一步假设客户通过实际使用只发现其中的半数即 12.5%，倘若已经觉察缺陷的客户由于工作过忙，没有向厂商或推销员提出而凑合着使用，结果提出意见者又只占觉察缺陷客户的半数，所以我们能听到不满的只占我们产品总量的 6.25% 而已。当卖家获知客户不满后由于各种原因不能及时处理，甚至可能随着时间拖延过久不了了之。假定卖家处理的不

顶尖诀窍

分析抱怨的合理性，解决问题。

良品只有反馈回来的一半，即产品总量的3.125%。由此可见，客户反映不满的数量是少之又少，仅是冰山浮出水面的一角而已，这对推销员来说怎能不应珍惜、不应欢迎和不应重视呢？

正确做法

1. 避免出现抱怨

处理抱怨的最好方法是事先避免抱怨的出现。大多数抱怨的产生是由于产品提供的利益与客户的期望不一致，也可能是因为产品质量较差、使用不合理或售后服务较差，有时也因为客户的期望太不现实。对于产品的质量，销售员无能为力，这是产品生产中质量检测部门的职责。但对于其他情况，销售员是有能力加以监控并防止发生的。

保证客户能正确使用产品是销售员售后服务的一部分。保证产品完好无损及时运到也是销售员售后服务的一部分。而客户期望也常常因为销售员夸大产品质量而变得很不现实，导致客户对拿到的产品非常不满意。如果销售员对产品保持诚实的态度，那么这种情况也可避免。别打断他，尽量让他去抱怨，打断可能会引起更深的愤恨。你对待客户的态度将最终决定这一事件是否能圆满解决。在仔细倾听客户意见之后拿出可行的解决方案，客户会很高兴，你们的合作就会很顺利地进行下去。

妙语点评

客户对产品和服务存在的缺陷表示不满，向推销员抱怨、诉苦，这无疑是对你所推销的产品和提供的服务提供了克服缺陷、提高质量的线索，是不花钱且求之不得的最佳销售情报。因此，有经验的推销员不怕客户埋怨、提意见，只怕客户一言不发地离开。

2. 分析抱怨的合理性

也有许多抱怨是不合理的。可能会有一些客户没完没了地抱怨并要求解决。虽然你希望公平，但如果满足了这些客户的要求则显然对你和你的公司很不公平。无论如何，当客户声称产品有缺陷时还是应该仔细检查产品，让客户解释他如何使用产品，看看问题出在哪一方，最后总能找到双方都能接受的解决办法。

3. 解决问题

听到抱怨后要立即加以解决。当找到解决办法时，要尽早实施，这就能给客户带来好印象，或至少能减轻不良印象。你的处理办法应容易理解，而且也要让客户认识到这一点，应该向客户充分解释为什么决定用这种方法。

当客户同意处理方案后可以开始实施，这时销售员有责任监控实施过程，这就好像交货后的售后服务，处理抱怨之后的后续服务对于能否使客户满意非常重要。如果客户的不满心情平缓下来了，进而保住了这位客户，你将来总会获得更大的回报。

不具备服务公众的意识

提高认识，树立为公众服务的意识。

营销事典

当笔记本电脑刚刚上市时，有一位专卖电脑的推销员去访问一家零售商。这家零售商老板说，两个星期前他购买了某公司出售的一台电脑，老是出毛病，已经坏了4天了，打了几次电话，厂家至今还没有派人来修理。这位推销员虽然会修理，但是他想跟我有什么关系呢，又不是我们公司的产品。于是他在一旁大贬特贬那家公司的产品和人员，并极力推销自己的产品。零售商店老板气急败坏地说："当初那家公司的推销员说得比你还动听呢，结果怎么样？你们还不是一丘之貉，走吧，走吧！我不想听你说下去了。"

深入分析

平常人们都说"顾客第一"。如果我们按字眼来解释，这句话的意思就是顾客至上，我们必须对客户百依百顺。果真如此理解，我们就等于抛弃了自己的立场，所以这话的真正意义并非如此肤浅。

产品和服务的推销最终要落实到消费者身上，这样，推销员作为沟通生产者与消费者之间的中介环节，必然要把公众利益作为自身工作的宗旨。有一句在商界流行多时的话，叫作"顾客就是上帝"，便反映了这样一种现实，即客户是推销人员最应尊重的公众对象。离开消费者，推销工作就会受到阻碍，自然也就谈不上进一步发展了。

日常生活中，成功的企业家与推销员的的确确把消费者看作衣食父母，这绝不是哗众取宠，而是势在必行。由于这些推销人员和企业的经营方针是把用户利益放在首位，因而在制订规范、供应产品以及设置服务项目时，总是从消费者的角度出发，尽可能给予便利。这样一来，广大公众不仅会心悦诚服地掏出钱来，而且下次还会光顾。更重要的是，无数接受过盛情款待而心满意足的客户就是无数个义务宣传员，他们会在不同场合有意无意地宣传企业并推销

> **顶尖诀窍**
>
> 推销员要有奉献精神，要拓展自己的视野。

其产品，使之美名远扬。在现场推销活动中，为公众服务意识的强弱、是注意联络和促进与公众的关系还是有意无意地忽视和损害这种关系是区别推销成败的“分水岭”，也是检验推销员及其工作业绩的“晴雨表”。

正确做法

如果事例中的电脑推销员能把竞争对手的客户也当作自己的客户，那么他就会这样做：听了老板的话，不是嘲笑竞争对手，而是修理起电脑来。等到修理好，零售店老板拿着修理费给他，他却说：“这是我应该做的事情。”这样，推销员就有可能将这位别人的客户发展成自己的客户、朋友，让自己的推销之路畅通无阻。

> **妙语点评**
>
> 精明的推销员不会将工作局限在“推销”这一个环节上，而是扩大自己的服务范围，提高自己的认识，具备服务公众的意识。如此一来，一方面塑造了完美的人格，另一方面在开发潜在客户上又有了新的途径。这样的推销员有谁不喜欢呢？

不管处于什么场合，任何一项推销工作都必须着眼于公众。当客户利益与推销者利益发生冲突时，满足客户利益应该是第一位的。现代市场营销研究的先驱、美国著名的公关营销学者爱德华·伯内斯早在1923年就指出：“推销工作是为了赢得公众的赞同，推销应首先服务于公众利益。”具有服务公众意识的推销人员能时时处处为公众利益着想，创造各种条件来为客户服务，努力满足公众提出的各类要求，这样的人实际上才算真正了解推销工作的方向。

推销员要有一种奉献精神，要拓展自己的视野，有一种服务精神，而不要让自己局限在利润之上。

所谓服务，可以看作一种奉献。

珍妮曾在1997年度被评为某人寿保险公司业绩最好的推销员，她得到上司的嘉许，奉命专门处理年限届满而解除契约事宜。满意的客户很多，纷纷高兴地送珍妮红包，但珍妮并没有接受，客户于是依珍妮的意愿给她介绍了大约20位新客户，同时还提供了这些新客户的详细资料。由于这些介绍信和资料，珍妮又增添了许多辉煌的业绩。

将服务完全推给客服部门

作为销售人员，提供满足客户希望的服务是获得客户认可的最佳途径。

营销事典

炎热夏季的一天，苏克驱车到了一个规模很大的农场边。这位农场主打电话告诉苏克，买了他的大型拖拉机后，还想买一辆配套的小型拖拉机。

苏克看到这位农场主正在一大片小麦地中间的拖拉机下面，便把车停在路旁，穿过田地朝他走去。

“斯蒂芬·金先生，你好，我来看看你有什么需要。”

深入分析

怎样取得别人对你的忠诚？

答案是：先对别人付出自己的忠诚。你先对别人付出了忠诚，别人自然会以忠诚回报你。

斯蒂芬·金正在拖拉机下面满头大汗地修理着什么，见到苏克，他从底下爬出来，“苏克先生，您帮我看看这个配件是不是该更换了？”

苏克没动地方：“怎么会，你才新买的机器。”

“可是，当我开动拖拉机时，总感觉有些不对劲，您还是帮我看一下吧。”

“那是他们客服部门的事，你找我，我怎么会修理？你说要一辆配套的小型拖拉机，我过来给你送资料。”

“得了吧！伙计，我还是先把这个问题解决了再说吧！你们的拖拉机这么差劲，让我怎么再相信你。”

作为销售人员，提供满足客户希望的服务是获得客户认可的最佳途径。

21 世纪的市场必定是客户导向的市场，要长期与你的客户建立商业联系，不在商品本身或销售能力，而在于你能否满足客户的需求。有的推销员提供的服务甚至能超过客户的期望，让客户有惊喜的感觉。

客户要的只有两件事：如果你关心我，就做给我看看；告诉我，你现在能为我做什么（请你帮帮我的忙吧）。

所谓的客户服务，说起来就是“帮助客户”。在客户需要的时候，你是不是给了他们相当的协助呢？

著名的营销专家乔·吉拉德在他的《如何将任何东西卖给任何人》中写道：“您所遇到的每一个人都有可能为您带来至少 250 个

潜在的客户。这对想开展自己事业的人们可是个再好不过的消息了。”不过，根据乔·吉拉德的理论，从反面来看，当一个客户由于不满意而离你而去时，你失去的就不仅仅是一个客户而已——您将切断与至少 250 个潜在客户的联系，并有可能导致一个重大的损失，以至于你在事业刚刚走上轨道的时候就跌上一大跤。

顶尖诀窍

了解客户的期望，确定服务范围。

在开始之前，你一定要了解如何让你的客户成为经常购买的回头客，或者做得更好，如何让他们成为你的终身客户！

正确做法

1. 了解客户的期望，确定自己的服务范围

客户服务到底应具有什么特点？客户服务的目的就在于与客户建立良好的关系，不过，这得基于客户的 3 种期望获得满足才行。客户的 3 种期望是：期望所买的产品确能发挥应有的功能；期望所得到的服务确实如你所说；如果上述的期望落空，期望你能遵守原先的承诺。

你要想维持良好的客户关系就得持久不懈地努力，最终达到买卖双方都能相互满意才行。

当你作好准备并且打算一显身手之前，不妨先问自己 3 个非常基本的问题，这对你

妙语点评

售后服务是销售活动的一个重要组成部分，通过开展售后服务可以满足客户的一些需求；同时，通过提供售后服务，可以增加与客户接触的机会，还可以起到联络感情、搜集情报的作用。有远见的销售人员绝不会忽视售后服务这一关系到自身发展和事业兴旺的至关重要的环节，绝不会简单地将售后服务推给客服部门。

未来是否愿意改进对客户的服务有很大的影响。

（1）为什么我们得作好客户关系？（这对我们会有什么好处？）

（2）为什么现在得作好客户关系？（如果现在不做会有什么后果？）

（3）为什么我要操这个心？（如果不操这个心会有什么坏处？）

这3个问题请你好好想一想，它们能够开启你的思考天地。

2. 不要推诿

良好的客户服务是90%的态度和10%的知识，即知识＋演练＋回馈＝成功（K+P+F=S）。

“抱歉，我很希望能够帮您的忙，但是我们公司规定这些是客服部门的职责。”

政策竟然是用来禁止帮助客户的！这是除了“不”字以外，最令客户感到刺耳的话。

别人如果跟你来这套说辞，你会如何？你的客户可不是打电话来听你讲公司政策的，他们是来寻求协助的。

大部分销售人员对客户需要一无所知，更别提要用哪种方式服务了。客户并不想听故事或借口，他们只想感受你的关心，想知道你现在要怎样解决他们的困境。可是难就难在这儿——销售人员总是站在自己的立场处理事情和问题，而不是站在客户的立场。

为了分清责任不惜与客户争吵

无论责任是否在你，争吵只能使你走向错误的方向。

营销事典

杰瑞卖出了一部高价的完全自动的邮费机，这部机器已经装置好了，同时他已经完成了指导工作，使客户能够自行操作，其配套使用的货品如皮带、墨水等也都在第一次订货时给客户购置完备了。从此以后，他一直没有听到客户再向他提出过什么意见。但他没有告诉客户，这种特殊的墨水是一种经过多年研究试验的产物，其中没有任何能起化学作用的元素，它不同于普通墨水，普通墨水会伤害那一高价机器的铸型与印器，但它很快会用完。

不久，客户在不知情的情况下将一瓶普通墨水倒入了机器中，机器立即停止工作了。

于是他打电话给杰瑞公司的机械服务部门。该部门派去一位训练有素的技师，经检验，他立即发现了故障所在，并婉转地向客户作了解释，然后将整个印器拆开，装上一卷新的墨水纸，洗涤了铸型，再在机器上擦了一些油。他在客户的办公室中工作了 4 个小时。客户则耽误了 6 个小时的工作。这是多么大的损失！

这损失又应该由谁承担？杰瑞公司索取的服务费每小时是 2 元，工作 4 小时，旅程中花费 1 小时，一共要 10 块钱；新零件又需 10 元，还有零件搬运费 0.75 元。技师将

深入分析

如果在当初推销的时候，或者在装置的时候，杰瑞能告诉客户，或者经常由工厂中一名训练有素的人员前往检查，那他那台名贵的新机器就不致损坏，争吵也就不会发生了。同时杰瑞公司也就有了一个称心满意的客户，而不是一个怨愤在心的客户了。

这张维修费为20.75元的账单交给了客户，结果却引起了一场争吵。

顶尖诀窍

随时与客户保持沟通，用你的真心去关怀他们。

将商品卖出去并不等于销售工作已经完成。重视售后服务是推销员赢得客户的法宝之一。

不管客户如何批评我们，销售人员永远不要与客户争辩，因为争辩不是说服客户的好方法，正如一位哲人所说："您无法凭争辩去说服一个人喜欢啤酒。"与客户争辩，失败的永远是销售人员。一句推销行话是："占争论的便宜越多，吃销售的亏越大。"

正确做法

所有这一切，给我们一些什么启示呢？

第一，推销中和在装置其产品时就应给客户以真正的服务，将必要的情形告诉他。第二，每个推销员都必须有一份详细的售后服务记录，其中应表示出何时客户应该再进货，不论其所应进的是产品本身，还是其所需的零星货品，都须详细载明。第三，要时常强调你的货品所需要的不是别的东西，而是周到的服务，以及各种你公司自己制造的或介绍的精致零件与配套物品。第四，推销上的服务工作与机械上的服务工作要密切配合。

妙语点评

销售人员本身及区域销售机构双方面与客户的维系，是售后服务的主体。售后服务工作是否做得到位、圆满，主要看是否充分做好了与客户之间的维系工作。

为了避免这种责任纠纷，最好的办法就是与客户经常联络。

有的推销员成交后，客户就再也见不到他的人，也听不到他的问候了。这样很容易引起客户的反感，客户会想：难道你就只是利用我来赚钱而已吗？

千万不要成为这样的推销员。你要随时与客户保持联系，用你的真心去关怀他们，这样你才可能有更多的机会。

譬如卖钢琴的销售人员每月给客户邮寄一份音乐及乐器简讯，这样，可以给客户提供参考资料，同时也可以借此报道商情，这样的做法可以使客户对商品有持续的好感。而且，通过不断为其提供资料，也能起到间接的宣传效果，往往会引来更多的客户。

对客户所作的售后服务就是为了做好维系客户的工作。良好的售后服务对销售机构及销售人员的销售工作都十分有利。

抗拒客户投诉

对于客户投诉，应以诚恳的态度接受，并以谦恭礼貌的态度迅速处理。

营销事典

一个客户在他订的酸牛奶中发现了一小块玻璃碎片，于是他前往牛奶公司投诉——可想而知他的情绪有多大。一路上，他一直在愤怒地思考着如何才能表达他的愤慨，许多尖刻的词语就在嘴边。

一进入经理办公室，他的情绪就爆发出来："你们是什么牛奶公司！简直就是要命公司！你们都掉进钱眼儿里了……"

公司的经理连忙问:“先生，到底出了什么事？请您快点告诉我，好吗？”

客户继续激动地说：“你放心，我就是来告诉你这件事的。”说完，他从提包里拿出那瓶酸牛奶，“砰”的一声重重地往桌子上一放，“看看你们做了什么好事！人吃下这种东西是要命的！特别是老人和孩子，要是吃下后果是不堪设想的！”

经理连连道歉。这位客户说：“光道歉就行了吗？你们的产品质量也太差了吧？我要投诉你们。”

“别，别，别，你不能投诉，你投诉了也没用。”

“什么？你们的产品质量出现问题，还没有人管了吗？”

“投诉对你有什么好处？”

“至少不会让第二个人再上你们的当。”

“先生，有谁能证明这块碎片一定是我们在生产时操作不慎弄进去的呢？难道就不存在你故意制造这种假象的可能吗？要知道，我们的产品是经过时间检验的，怎么能凭你一面之词就任你投诉？就算你投诉了，也未必有人相信……”

“你……”客户气得说不出话来。

经理又放下架子，好言安抚：“先生，不就是一瓶酸奶吗？我们再赔你一箱。前提是你不要投诉。如果投诉，对你可没好处的，费时费力啊！”

这位客户拂袖而去，他决定：投诉！

深入分析

客户投诉是因为你的产品存在问题，或者你的推销服务有问题。当然也有客户是属于无理取闹，为了取得不义之财。但是即使如此，推销员也不能因为客户的错误而故意推托或者与其据理力争。因为在争辩的过程中，你可能就给了公众一个非常不好的形象，毕竟所有的消费者都站在投诉的客户一边。

你经常会碰到客户投诉，一旦处理不

当便会引致不满和纠纷。其实从另一个角度来看，客户投诉是最好的产品情报，销售人员不仅没有理由逃避，而且应该抱着感激之情欣然前往处理。处理客户投诉，不仅仅是找出症结所在、弥补客户需要而已，同时必须努力恢复客户的信赖。

顶尖诀窍

化抱怨为满意，才能成为真正的服务高手。

正确做法

对于客户投诉，应避免与客户发生争执或直接指出客户的错误。

永远不要和你的客户争执，不论客户对你的产品提出什么样的批评和不满。在这个时候，最佳的方法就是接受他的指责，同时进一步解除客户的抗拒。如果客户仍有某些抗拒和担心，那么在此时提出老客户的见证或某些客户的口碑来给他看。你可以说："先生/小姐，我非常了解您为什么对这些事情有所担心，我这里刚好有一些以前的客户在购买我们的产品后关于使用产品的经验和意见，我想这会对您很有参考价值，您可以花几分钟看一看。"

处理投诉的用语要非常注意，因为此时客户的情绪一般都是比较激动的。对客户投诉的处理，可区分为下列6点：

1. 虚心接受批评

冷静地接受客户意见，并且抓住客户意见的重点，同时明了客户的要求到底是什么。

2. 追究原因

仔细调查原因，掌握客户心理。

3. 采取适当的应急措施

为了不使同样的错误再度发生，应当断然地采取应变的措施，找出解决方案。客户的投诉内容总不外乎“刚买不久就这么差”或“仔细一看发现有伤痕”……这时，你要先冷静地判断这件事自己能够处理吗？还是必须由公司斡旋才能解决呢？解决方案应马上让客户知道。当然，在客户理解前须费番工夫加以说明和说服。客户同意解决方式后应尽快处理。处理得太慢，不仅没效果，有时会使问题恶化。为了避免同样的事情再度发生，你还必须分析原因，检讨处理结果，吸取教训，使未来同性质的客户投诉减至最少。

妙语点评

客户投诉是客户对商品或服务品质不满的一种具体表现。推销员对外应妥善化解客户投诉，圆满解决；对内应利用客户投诉充分检讨与改善，将其化为提升销售素质的良机。正面的补偿绝对是客户服务工具箱里最有用、威力最大的武器。以客户的角度，而不是你的角度，送达你的歉意，提出你的解决方法。客户关心的是他们的钱、他们的产量、他们丧失的机会、事情恶化的结果和他们的损失，而不是你的处理、你的借口或是你对发生的事故作何感想。

4. 化解不满

诚恳地向客户道歉，并且找出客户满意的解决方法，最后是化抱怨为满意。“当场承认自己的错误须具有相当的勇气；给人一个好感胜过一千个理由。”即使是因为客户本身错误而产生的不满，在开始时也一定要向他道歉，就算自己有理由也不可立即反驳，否则只会增加更多的麻烦。这是在应对客户投诉时的一个重要法则。但是，一味地赔罪也是不当的，最好在处理时边道歉边用应对法使对方理解。

5. 改善缺点

以客户的不满为契机找出差距，甚至可以成立委员会来追查投诉的原因，以期达到改善的目的。

6. 后续动作的实施

为了恢复企业的信用与名誉，除了赔偿客户精神上以及物质上的损失之外，更要加强对客户的后续服务，使客户恢复原有的信心。

一开始就采用不诚信的手段

真诚对待你的客户，才会让客户保持一个长久的满意度。

营销事典

有一个成功的推销员，别人向他请教成功秘诀。他说："我和查理搭档，他到居民区卖一种洗涤剂，洗碗效果很好，而且非常便宜。"

"这和你有什么关系呢？"别人问道。

"问题是使用这种洗涤剂后，手上会染上一种蓝色，很难洗掉。"推销员微笑着，诡秘地说，"所以，我就到查理去过的地方卖专门洗掉那种蓝色的洗涤剂，相当贵！"

不久，东窗事发，消费者都知道有这样两个推销员，于是他们联合起来，狠狠地惩治了这两个推销员。

深入分析

林肯说过："你可以暂时欺骗多数人，也可以永远欺骗少数人，但你不可能永远欺骗多数人。"

现在，我们一起来找找推销员被客户炒鱿鱼的原因，并亡羊补牢。

1. 利欲熏心

不要老想着卖东西。创造一个让人觉得想要消费的环境（问问客户们的意见）——区别老是自说自话，不要做个讨厌鬼——为自己往后的业务找一个明确的理由。

2. 机械式的服务，不诚恳，眼睛只看得到佣金

大多数客户并不会告诉你他们的不满，只是转身离开另觅交易罢了。用你的真诚留住他们!

3. 反应迟钝，动作太慢

让客户等太久，他们自然就找别人服务去了。为了快，为了争取时间，人们有时候宁可牺牲品质。

不管客户找的是人还是货品，告诉你一个公式：不能及时拿到我要的东西，或找不到我要找的人，就等于“我会到别处去”。每个人都期待迅速的送货服务——至少第一次是如此。我们的送货服务如何？送货员的态度好不好？

4. 不易做生意或下订单

电话要等很久，服务人员专业知识不够；接听电话的不是人，而是电脑总机语音系统，讲一连串的废话，无非是想把客户搅得分不清东西南北，或者是让客户在电话那端作永无止境的等待。客户忍无可忍、百般无奈，于是只好和你说再见。

顶尖诀窍

不要老想着卖出东西。

5. 话说得太满

你把话说得太满却又做不到，你就输了。

6. 不能给客户帮忙

客户打电话来是因为需要帮忙，他们需要有人站在他们的立场去帮他们，可不是听你讲一大堆你的问题。然而，一些销售人员却常把“不能”“办不到”挂在嘴上。

正确做法

用些额外的时间来争取他们的注意力。定下时间来进行一次私人会面，或者办一个主题讨论会，与你的客户直接电话联系，或请他们回答一些调查问题，比如：

“您为什么选择我们的产品与服务？”

“是什么使您购买我们的产品而非其他供应商的？”

“您觉得我们的产品和服务还需要哪些改进？”

一一找到这些问题的答案将会有助于你的生意。你会找到哪些方面你已经做好了，哪些还存在不足。如果一个客户不满意，你就能在他改变主意之前采取行动。当你向客户提出调查问卷，就表明了你对他的重视，从而吸引客户成为回头客。

当自己受到客户的冷落和指责，与其

妙语点评

在忠诚度的建立与确保后续生意的往来上，你作了些什么努力？你的客户会再来，还是再也不来了？对于客户需求的了解不足，以至于服务内容本末倒置，你的行为未能符合客户的要求，“那不是我分内的工作”以及其他诸如此类的推诿（与负责恰好分道扬镳），正是客户炒你鱿鱼投入竞争对手怀抱的最大原因。

找借口，还不如老老实实承认自己的过失，然后再尽力使事情好转。哪怕是加班加点地工作，给客户打折扣，并将客户需要的马上送到他家里去。当你能承担所有责任并改正你的过失时，本来一个不好的事反而会让你重新赢得客户的信任。

摆脱消极思想的恶性循环，集中精力在实现目标上，相信不管遭遇多少挫折你最终都能心想事成。你对自己坚定不移的信心同样也会使客户对你的生意信心倍增。

服务的秘诀在于：先替对方设想。

用可以替客户解决问题的办法取代公司规定，试着不要提到“规定”这个字眼儿。在客户挂电话之前，问问他们心里的感受。待你判断这种做法确实生效以后，继续这么做下去，直到你能掌握整个过程。

| 第五章 |

在营销策略上最可能犯的错误

被自己的光环罩住

越是优秀的推销人员越要警惕自己为自己设下的陷阱。

营销事典

“我可以算是最优秀的推销员了，身体好，能吃苦，也富有经验，但想不明白企业的老板为什么把我给炒了。我找了无数个企业，老板都不敢用我。是嫌我年龄大吗？我才年过四十，正是年富力强、经验丰富之时。可我却在家待了两年了，很苦恼。请问我的出路在哪儿？”

这是约翰——一位富有传奇色彩、曾经以卓越的销售业绩而被称为销售大王的推销员，怎会待在家两年了呢？

他的一位过去的老板詹姆斯这样解释：

“约翰离开我们集团之事，对我的感触很大。他总认为我们的管理太严、要求太高。他自由惯了，做推销员还行，可一看那大摞的方案和表格就让他很为难，看不懂，而且心也静不下来。”

深入分析

乍一看前面的介绍，有些人肯定要替这位推销员鸣不平，认为也许他是锋芒太露或功高震主吧——一些企业主惧怕在市场上“太能”的人。其实很多情况下不是这样的。

新的市场、新的竞争形式、新的商业态势对推销人员的要求都是不同的。每一个成功企业的管理者都会注重吸收先进、严谨的管理方法，并通过不断的学习提升企业员工团队的知识水平。作为推销员也不例外。推销员需要学习补充的知识是最多的，小到生活中的点点滴滴，大到一些营销管理策划理念，这些都应随着推销员的经验不断丰富而予以充实，否则的话就会出现上面案例中约翰这种情况——走到一定的地步就走不下去了。

> **顶尖诀窍**
>
> 不断学习，永远充满激情。

约翰应该是非常热爱营销职业的，詹姆斯给了他机会，让他自由发展，但是他却错过了一个能发挥自己才干的机遇。人的一生虽然漫长，但能够施展才华的机遇还是有限的，有的一次错过将遗憾终生。

约翰给周围很多人留下的印象是相当不错的——经验丰富，富有激情，这是作好市场营销的先决条件。但这个头顶无数光环的推销员，竟然缺乏系统的营销理论知识，甚至连一些最基础的营销概念都搞不懂，更不要说更高一层的市场营销管理了。他以往的成功完全是凭个人的天赋和勤奋来完成的。

市场是不断变化的，约翰却始终沉浸在自己过往的辉煌之中不能自拔，不愿再学习，也就无法再度提升自己的知识结构。当有新的挑战性的机遇降临时，他就只有恐惧了。

正确做法

在新的市场态势下，我们的推销人员怎样才能在激烈的竞争中适应、生存和成长呢？

1. 保持激情

激情洋溢是一种宝贵健康的心态，成功的推销员往往和他们内心深处拥有那么一种激情有关。为什么在相同的环境下有的推销员由辉煌跌入低谷，而另外一些却能永远立于不败之地呢？这和推销员是否保持着昂扬的创业激情有关。创业的激情意味着你永远把自己定位为起步者，你始终怀揣着美好的希望，始终有着渴望成功的激情。

多一分激情和追求，同时不敢骄傲、不敢自大、不敢随意地浪费，造就了你最后的成功。

2. 忘记过去

一个推销员的营销经验积累得越多，在这个行业经营中再付出的艰辛就越小。但同时他也非常容易被传统经验所束缚，因为传统经验不适应新经济下的市场变化。所以，一个推销员应该善于遗忘而且善于变化创新。善于遗忘是希望推销员在新的市场态势下，不要受传统的“经验曲线”束缚，复制过去的成功经验来套眼前的新市场，而是针对眼前的新形势和市场的新变化善于思考，找出真正解决问题的务实办法。

妙语点评

很多推销员的目标是为了工作业绩和薪金而奋斗，因此就缺乏在紧张的工作中系统修习营销理论知识的目标和意识。尽管他们有着较强的实战经验，但由于专业知识并不系统，也缺乏较扎实的专业理论知识，一旦市场格局发生变化，或换了一个企业及工作平台，他们和真正的强手相比就会产生学识上的差距，这种差距将使他们最终落伍。

如果一味沉浸在过去成功的经验中难以自拔，或因为自己以往的辉煌而孤芳自赏，就会过度迷信自己，不屑于学习新东西，患上一种骄傲的“自闭症”，并过多迷信传统经验来抗衡对新知识的吸收。上面案例中所提的约翰就患上了因为孤芳自赏而排斥现状的骄傲的“自闭症”。

3. 不断地设立新目标

人生成长的价值就像跳高运动员面前的标杆，只有摆得高，才有动力一跃而过。

推销员要不断地为自己设立新的目标，才能不断地进步。以往的营销业绩或在具体市场一对一的营销成功个案在特定的市场曾助你建功立业，而随着时过境迁，当你准备跨越更高的界限时，你仍依赖原来的经验是行不通的，应该向更高一个境界迈进。

4. 不断地学习

时代和市场是在不断变化的，每天都有新的问题出现。有的问题可能是前人没碰到过的，教科书上没有的。遇到这种问题怎么办？唯有持续不断地努力学习。对推销人员来说，学习不是一个阶段，而是一个漫长持续的过程，甚至是你营销生涯中的全程。

优秀的推销员大都是靠自己的天赋、努力，把握住特定的际遇成长起来的。而大多数推销员的营销理论知识是零碎的，大多缺乏系统性，理论的基础较弱。时代和市场是在不断变化的，这就需要你有一个系统的、综合的知识水平作支撑去判断、解决具体事件。因此，营销人的学习是持续不断的，要边干边学，带着问题学，学用结合。作为一个营销人，不论你过去多么优秀，你储存的知识都不可能解决所有的问题，你若希望自己更优秀，只有持续不断地努力学习才能进步。

5. 抓住机遇

机遇在人的一生中稍纵即逝，推销员应该永远保持这种机警的心态，抓住机遇，为自己赢得更高的进步铺好台阶。

不为客户寻找一个购买的理由

推销员为了抓住客户，先要为他寻找一个购买的理由。

营销事典

杰克是一种新型汽车大灯增亮器的推销员。这种增亮器采用进口元件，具有不发热、不烧毁、延长大灯使用寿命和增强大灯亮度的特点，是一种不错的产品。

一拿到产品，杰克首先想到的是州级公务车辆维修定点单位和公务用车定点维修中标企业。他认为它们是大修理厂，每天接触汽车也多，产品肯定能用得上。但是，当他找到市内的一家大型汽车修理厂时，任他好说歹说，经理也不同意，即使放一个样品也不让。一连跑了好多家都是同样的情况。相关负责人的回绝几乎是异口同声："我们根本不需要从你这儿买。"为什么会这样？这让杰克百思不解。

原来只要上点规模的修理厂，零配件进货渠道差不多都是定点单位，州级公务车辆维修定点单位更是如此。而且，它们维修的差不多都是公车，司机只是负责把车修好，不在乎花钱，至于灯节能不节能的，他们根本不在意。这些，杰克压根儿不知道。

深入分析

杰克只是简单地分析了客户购买的理由，并没有充分地了解情况，所以根本无法为客户找到合适的购买理由。

想想看，为什么客户向A公司投保而不向B公司投保呢？即使A、B两家公司的投保条件几乎一样。为什么你喜欢到某家饭店吃饭，而这家饭店又不是最便宜？你为什么把钱存在A银行而不存在B银行呢？A、B两家银行的利率是一样的。你仔细想想看，当你决定购买一些东西时，是不是很清楚你购买的理由？有些东西也许你事先并没有想到要购买，但是一旦你决定购买时，总是有一些理由支持你去做这件事。

顶尖诀窍

客户的不同需求正是客户选择购买的前奏。

关心客户关心的就是关心你的客户，你关心了客户，客户同样会关心你。他们关心你也就是关心了你的成功。所以，要成为推销英雄，那么，关心客户关心的吧！

大家已经知道了，产品的特性是指产品设计上的特性及功能。你可从各种角度发现产品的特性，例如：从材料着手，如衣服的材料是棉、麻、丝、混纺；从功能着手，如录影机具有定时录影的功能；从式样着手，如流线型的设计。每一样产品都有它的特性，不管你知不知道它是什么或会不会使用，它已存在于产品身上。而产品的优点则是指产品特性的有利点，如棉的衣服能吸汗、毛的温暖、丝的较轻；传真机有记忆装置，能自动传递到设定的多数对象；组合的隔间能随时移动等。

若你能发掘客户的特殊需求，并能找出产品的特性及优点，满足客户的特殊需求，或解决客户的特殊问题，这个特点就有无穷的价值，这也是推销人员存在的价值，否则根本不需要有推销人员。而推销人员对客户最大的贡献，就是能够满足客户的特殊需求或帮助客户获得最大的满足。

我们再仔细推敲一下，这些购买的理由正是我们最关心的利益点。例如我有一个朋友最近换了一辆体积很小的微型车，省油、价格便宜、方便停车都是车子的优点，但换车的真正理由是她路边停车的技术太差，常常因停车技术不好而发生尴尬的事情。这种微型车车身较短，能完全解决我这位朋友停车技术差的困扰，她就是因为这个利益点才决定购买的。

正确做法

你可从以下几个方面了解一般人购买商品的理由：

1. 商品给他的整体印象

广告人最懂得从商品的整体印象来满足客户购买产品的动机。劳力士手表、奔驰汽车虽然是不同的商品，但它们都满足客户象征地位的需求。整体形象的诉求最能满足个性、生活方式、地位显赫人士的特殊需求。针对这些人，你在推销时不妨从此处着手，试探潜在客户最关心的利益点是否在此。

2. 便利性和安全性

便利是带给个人利益的一个重点。例如汽车变速器自动的便利性是吸引许多女性购车的重要理由，电脑软件设计时的简便性也是客户关注的重点。便利性是打动许多人购买的关键因素。

> **妙语点评**
>
> 客户的购买是很随机的，推销员要想刺激其购买欲望，就要观察和了解客户的需求，为他找一个购买的理由，先说服你自己对方因为什么而买你的东西，才能使他顺理成章地接受你的说服。

满足个人安全、安心而设计的有形、无形的产品不可胜数。无形的产品如各种保险，有形的产品如防火的建材。安全、安心也是潜在客户选购产品经常会考虑的理由之一。一位经营小孩儿玩具的直销人员提到，每次有家长带小朋友购买玩具时，由于玩具种类很多，很难取舍，但是只要他在关键时机巧妙地告诉家长，某个玩具在设计时是如何考虑到玩具的安全性的，家长们几乎会立刻决定购买。

3. 自我价值的实现

成长欲、成功欲是人类需求的一种，类似于马斯洛所说的自我成长、自我实现的需求。例如电脑能提升工作效率，想要自我提升的人就要到电脑补习班去进修电脑；想要成长为专业的经纪人，就会参加一些管理的研习班。上电脑课、参加研习班就是在满足个人成长的需求，这种需求是这些人关心的利益点。

4. 客户的生存环境

每一个人都生活在社会中。客户的生存环境也是影响其购买的因素，比如人际关系。

人际关系也是一项购买的重要理由。例如经过朋友、同学、亲戚、师长、上级的介绍而迅速完成交易的例子不胜枚举。

5. 客户的自身条件

比如购买力情况、喜好程度。

你推销的商品若能和客户的兴趣、嗜好结合在一起，抓住这点诉求，一定能让双方尽欢。

6. 商品的价格

价格也是客户选购产品的理由之一。若是你的客户对价格非常重视，你就可向他推荐在价格上能满足他的商品，否则你只能找出更多的特殊利益以提升产品的价格，使他认为值得购买。

7. 系统化

随着电子技术的革新，现在许多企业都不遗余力地进行着工厂自动化、办公室自动化的发展。这些企业购买电脑、打印机、复印机、传真机等产品的时候，普遍都以能否构成网络为条件而选择，这即是因系统化的理由而购买的例子。其他如音响、保安等系统化都是客户关心的利益点。

8. 服务

服务分为售前、售中及售后服务。因服务好而吸引客户的商店、餐馆、酒吧等比比皆是；售后服务更具有满足客户安全及安心的需求。因此，服务也是客户关心的利益点之一。

不会利用联盟战术

联盟有助于增长推销的实力。

营销事典

有位客户想买几条好烟。在经过沃森的烟摊时看见其中的“KENT”牌香烟，于是客户开始跟沃森谈起生意来。

“你这种‘KENT’香烟多少钱一条？”

“70 元钱一条。”

“假如我想多买点儿的话呢？”

“那就 68 元吧。”

“噢，我在别的烟摊上看见零售才 6.8 元一包。”

沃森脸上掠过一丝惊诧，语气却有点变了：“不会吧，我们的价格都一样的呀！”

客户抓紧机会进攻："确实是这样的，不过我不想再返回到那边的烟摊去了。你的价格应该再低点儿，这样的话，我以后会经常来你这儿购买香烟的，而且可能数量会很多，这跟我的工作有关。"

沃森无可奈何，于是他的口气明显软了，价格一下降了下来。最后，客户竟然以55元的价格买了几条"KENT"香烟。

深入分析

从沃森的角度来说，他不会利用联盟技巧，因为他不但不了解同行的情况，而且还有着强烈的竞争心理。从客户的角度来说，他善于逆用此理，巧妙地从中得到了自己需要的。

对于客户而言，联盟包括两个方面的内容。

一般来说，一个需求不算太大的单个购买者与卖方还价的能力是很小的，但当你告诉卖主你在将来可能继续买他的货物，他也许会按你的要求改变成交条件。

同样的道理，你作为单个的购买者，但在你身边突然出现了几个和你同样要购买这种货物的买主，尽管你们彼此生疏，但对于卖主而言，你们无疑是他共同的买主，是一个联盟，而这种联盟却对你和其他买主都很有利。

正确做法

推销方所指的联盟也包括两方面的内容，那就是与自己结成的联盟和与外部力量结成的联盟。

1. 与自己联盟

某市啤酒厂每年生产1万吨啤酒还供不应求，但因受到各方面条件限制，却不能扩大生产规模。乙单位认为这是个好机会，想投产去填补这一缺口。该单位领导便去跟啤酒厂经理谈判，希望能得到支持，并公平竞争。啤酒厂领导听明来意后，脱口说道：“我们这个月就进口荷兰设备，这样啤酒生产就能翻两番，不仅可以供应本市，还可以远销外地呢。”乙单位听后，觉得这条路是行不通了，于是罢手不生产啤酒了。而啤酒厂领导也是吃惊不小，立即决定扩大再生产，以免被别的厂家挤掉。

此例就是成功地运用了联盟手段，增强了推销实力，最终赢得了胜利。

2. 与外部力量联盟

外部联合力量大，外部联盟包括技术伙伴、金融伙伴、政治伙伴、一条龙服务伙伴、完全包办伙伴、行业联合伙伴、地域伙伴、国际合作伙伴、推荐伙伴等的联合。至于寻求外部力量，你可能通过合作采购组织、代理商、联合签约者或承办人采购行业联合以及通过联名签署人或银行担保等进行。

还有几种特例：利用女性作免费宣传、利用团队优势。

女性喜欢家长里短地闲聊。这些闲事往往是最重要的销售情报，推销员应仔细搜集。此外，推销员应善用女人擅言的特点，请她们为你作情报的搜集与传达。

如果你不是单枪匹马打天下，你就可以好好利用团队优势，让大家均淋漓尽致地发挥特长，使客户不知不觉地接受你们的商品或方案。

顶尖诀窍

利用团队联盟让客户不知不觉接受你的商品和方案。

霍华·休斯曾经是美国最富有的人士之一，并以不按牌理出牌而闻名。有一次，他的一家公司需要采购飞机，担任董事长的霍华·休斯要亲自出马与飞机制造商进行谈判。

在谈判桌上，霍华·休斯态度生硬，提出的条件异常苛刻，要求在合同书上写明他所提出的34项要求。其实，在这34项要求中，大部分是可有可无的。可是，傲慢的霍华·休斯毫不退让，跟对方没有一点商量的余地。长时间谈判毫无成果，最终发展到互不相让的地步，谈判以破裂收场。

不久，霍华·休斯派遣他的代表出面谈判，告诉他的代表，只要争取到34项条件中的11项非得到不可的条件，就将感到心满意足。

妙语点评

一个推销员能否成功地进行推销，大部分因素取决于自身的推销能力。但没有一个人是万能的，身份、地位、形象、性格、涵养、知识乃至口音等诸多因素对推销产品都有着极其微妙的影响。聪明的推销员会充分利用各种因素和联盟进行推销，直至达成最终的目标——成交。

新一轮谈判开始后，霍华·休斯的代表态度谦和，语气温柔，使飞机制造商的代表感到谈判格外轻松。霍华·休斯的代表详细说明每项要求提出的理由，谦虚地征求对方的意见，并再三强调谈判应以双方获得利益为前提。当有些要求谈不拢时，他总是心平气和地问对方:“这项要求，您是和我协商解决呢，还是留待霍华·休斯跟您解决？”

一提到态度生硬、傲慢的霍华·休斯，飞机制造商的代表就非常反感，当然愿意与霍华·休斯的代表协商解决。结果，霍华·休斯的代表竟然争取到了34项要求中的30项，其中当然包括那非争取不可的11项。

霍华·休斯的例子就是以上司傲慢和强硬衬托出下属的谦和温

柔，使对手不自觉地陷入自己的联盟战术中。

没能让对方兑现诺言

记住！合约是用来约束对方的。

营销事典

舒克告诉翰斯先生的秘书，他想和翰斯先生预约会面。秘书告诉舒克 :“您得亲自和他谈这件事。”并对舒克说，“如果您可以在礼拜五早上 10 点半打来电话，我会安排您和翰斯先生谈 5 分钟。”

于是在星期五早上 10 点 28 分的时候，舒克便拨了电话。可是他却听到了令人失望的答复 :“对不起，因为一件突发事件，翰斯先生今天一天都不会到办公室来。”结果秘书又约他在下礼拜四下午 2 点来电话。

舒克再打去的时候，同样的情形再度重演。秘书小姐对他说:“翰斯先生现在抽不出空来，不过您可以下礼拜一上午 11 点再打电话给他。”

深入分析

承诺不见得会被兑现，必须采取预防措施。

合约就是口头承诺的书面形式，意思是说我做了什么，你就付出多少。答应别人容易，证明你会实现诺言就比较难了，合约就是通过法定的文书规范双方的权利和义务。口头应允或许不能保证实现，合约则给了推销员监督客户执行的权利。

仅凭一纸合约仍然不能保证什么，还必须采取其他的预防步骤，比如说押金、派员监督，等等。有时有人在场，对方比较容易信守诺言。通常的办法是从小的项目试试他们实现承诺的能力，再逐渐扩大。

承诺不见得会被兑现，所以要有检察和纠举的机制，也要有方法在确认对方不遵守承诺时必须付出更大的代价。严格的合约通常都强调检察和纠举的功能。

正确做法

1. 签订信守的协议

（1）协议、谅解和程序的差异。

如果你不了解推销协议、谅解备忘录和程序三者之间的差异，那么你的处境会比较糟。

推销员有必要将这 3 个概念弄清。从实用的观点来看，我们可以把程序看作做某些事情的方法；谅解是表示双方对某一问题的观点和态度；协议则是双方可接受的条件的最终承诺。

你可能感到纳闷，所有这些有多大的差异呢？何必非得那么细致呢？

仅仅达成一项协议是不够的，甚至当双方都有最好的意向时，协议也会因这样那样的原因而终止。之所以会出现终止，是因为那些负责执行协议的人不了解达成协议的共同观点、态度和背景。再就是因为任何一方

> **顶尖诀窍**
>
> 用有效的合约来约束客户，以便更好地执行你们的交易。

都不知道如何使协议运转起来，或者不懂得怎样证明它在运转还是没有执行运转。

（2）关于协议备忘录的警告。

要记起推销中的所有事件是不可能的，因为要详细记住的东西太多了。推销人员应该随时记笔记，在对问题进行讨论并达成一致意见时要记录在案。最重要的记录就是协议备忘录，它是对所达成协议的重要条件的书面记载，由双方签字后将成为正式合同的基础。只有在所有本质性问题全部解决，在备忘录成文和签字之后，会议才告结束。

自己写备忘录要比让另一方写好，谁写对谁有利。写者可以表达他对协议概念的理解，他可能解释意图，并通过遣词造句以反映他对讨论的理解。这并不是一方利用另一方或者为对方设置一些法律陷阱，它只是一方按自己的方式来安排协议的各个方面，而不是把它留给对手。

如果协议备忘录是由对方拟就，你必须特别小心，不能偷懒，不能天真，要强迫自己不止一次地仔细阅读备忘录，从中发现遗漏或错误。

妙语点评

有时候，交易完成了，客户却总想耍赖，企图占点便宜，不履行合约，这就需要推销员在签订合约时应从各个方面制订条款以约束和督促客户去如实执行合约。这种约束条款要列得详细而有效——谁也不喜欢法律纠纷，那么就在合约上多下点功夫吧。

2. 服务承诺的履行

在销售人员说服客户购买的时候，无论如何，应强调与商品有关的甚至没有直接关联的服务，因为提供这些服务的承诺对达成交易有巨大的帮助。但是，相对于承诺而言，履行所作的承诺则更为重要。往往有许多销售人员在说服客户购买时，漫不经心地向客户提出商品出售后的某种服务，后来却忽略掉了曾经许下的承诺，这就很容易给客户造成误会或不愉快，如此怎么能保证客户会再度购买呢？

自己履行承诺，让客户抓不住把柄，并迫使他也如约执行。

3. 及时收回货款

未收回货款等于销售未完成。收取货款是推销员的任务之一。推销员应该明白，及时收取货款才能使本企业资金周转正常，促进销售额持续增大。同时，抓紧收款不仅是为本企业着想，也是为客户着想，容忍客户形成拖欠货款的习惯，结果反而对客户严肃会计账目、加强财务计划管理不利，这将削弱客户的经营能力。及时收款是理所当然的事情，推销人员应有理有据，而不必存有卑躬屈膝的求人心态，不要被对方的甜言蜜语所迷惑，也不要被对方的威势所吓倒，更不要被对方的死皮赖脸所摧垮。当然，推销员在收款时不应采用要挟威吓的高压态度，而应保持心平气和、不卑不亢，帮助客户分析利弊得失，从而确立正常的交易关系。

有些推销允许延期付款，但是在对方头几次购买时应坚持即时付款的原则，直到建立起客户的信用时才可在信用额度内准予出现个别赊账。然而，推销员无论何时都要密切关注老客户支付能力的变化，留意其可能出现的信用危机，并采取一定的安全措施。推销员在开拓新客户时，如交易条件发生变化，或听到对方的不好传闻，都必须对推销对象进行信用调查。

让难下决定的客户绊住手脚

明确重点地告诉客户他的利益结果。

营销事典

推销员："沃森先生，这份投保合约我和您讨论过好多次了，合约的内容也照您的意思修改了多处，只要签约，员工们立刻享有保障，您看是不是能在本周内完成签约的手续？"

沃森："嗯！合约的内容是改得差不多了，不过，再看看吧！"

推销员："不知道您还要再考虑什么，这些条件您不认为是相当合理吗？"

沃森："嗯！是很合理，嗯……不过，给我一些时间再考虑考虑！"

有些客户听了推销员所作的商品介绍后，也实际观看了样品，似乎没有理由不作决定，但却迟迟不见他们作决定，推销员几度尝试着成交，但得到的都是一些模棱两可的答案。客户对产品并非不认同，但不管你在一旁多么心急，他们却总是难以立刻作决定，这种情景在大公司内特别容易碰到。这种客户的心理可分以下几个类别，推销员可根据不同的类别给予不同的处理。

深入分析

有些客户总是犹豫不决，当然他有不下决定的缘由，你必须抽丝剥茧，找出他作不了决定的缘由，如此才能提出解决对策，尽快完成推销的任务。

1. 对自己的决定感到不安

他们对自己的决定无法找出评估的依据，怕自己考虑得不够周到，或担心自己得到的信息不够充分，或想再听听更多人的意见，不愿意发生问题时要由自己承担责任等，这些都会使得采购者对自己的决定感到非常不安。

这种人总是给人一种畏缩的感觉。畏缩型个性的人对人际关系有恐惧心理，对人冷淡，与人相处不融洽。对人冷淡导致进一步孤立，逐渐会断绝与外界甚至与朋友的联系。畏缩型个性的人有的是天生胆小怕事，但不少人是因为一生屡遭打击而变得顾虑重重、担惊受怕。

2. 由别人来决定不会招来指责

靠着习惯生存的人，惯性的力量将之囚禁在一个毫无色彩的圈子里，使他们的生活变得像一潭死水，波澜不惊。他们因为害怕被指责，宁愿等待别人来作决定。

3. 反应迟钝

反应迟钝的人在生活中一般并不遭人讨厌，但在工作上则极可能得不到重用。这类客户节奏缓慢，决断迟缓，优柔寡断，很简单的一件事，如受邀去玩或看到一件价格不菲的衣服，很少能在 5 秒钟内作出决断。

4. 考虑商量型

如“我和我丈夫（或妻子）商量商量”“我得和我的合作伙伴讨论一下”“我要和我的律师分析分析”“我得让我的会计估算估算”，等等。

顶尖诀窍

利用客户的性格类型进行说服。

5. 反复斟酌型

这种客户在购物时考虑周到，购买决策过程也较慢、较敏感，能观察到购买环节中的细枝末节，购物行为拘谨、拖泥带水，谋而不断，一方面缺乏购物主动性，另一方面对你的介绍不感兴趣或不信任，从而表现出敏感的消费行为，即购物决策和购物过程时间较长。这些人大多性格内向，在购物决策时表现出举棋不定、优柔寡断，对营销人员的介绍半信半疑，相信自己的观察，而且观察得十分仔细，如遇挫折马上放弃购买，购买后还会疑心是否上当。对这样的客户，营销人员应热情主动、小心周到地提供服务，以免影响了公司在客户心目中的地位。

正确做法

不同的客户应区别对待。

面对第一种类型客户，你最好能让他了解购买时的评估基准，让他确信向你购买是合乎基准的。例如购买一台复印机，成本方面的基准，要考虑机器本身的成本、将来每复印一张的耗材成本及零件保用年限等三大项，若这三大项都考虑到，那么评估复印机的成本方面才能正确无误。

碰到第二种类型的客户，你的推销重心应该适度地转向客户的周围人士，你要很小心、谨慎地应对客户身边的人，他们的意见往往决定了你是否能够拿下订单。

面对第三种类型的客户，最重要的是一开始就把对方的意图弄清楚。只要发现他有可能想买你的东西，你就应施展才能争取他。比如：说话时速度放慢，尽量在他回答“听明白了”之后再说下一段，尽可能地慢到与他的节奏差不多；说明要简明扼要、明了易懂，尽量不让对方感到吃力；说明要点过多时注意互相对比，突出重点，以便给对方留下较深印象，让对方完全领会你的意思。而且，问话时千万要注意技巧。因为迟钝型客户不爱多说话，你在提问时应尽量问一些需用“是”“行”就可回答的问题，以减轻对方的负担。

也许避免第四种人绊住你手脚的最好的办法就是搞清楚谁是真正的决策人或者鼓动与你谈判的人自己做主。例如，你可以说：“先生，我会在星期三下午 3 点一刻准时到您的办公室，我建议您让那位能做主的人也在场。”如果他回答：“我就能做主。”那你就可以说：“我很高兴认识一位有能力独立决策的人。”话既然说到这个分儿上，客户在和推销员打交道的过程中也就无法避免要自个儿作出决定了。

跟第五种类型的客户打交道的办法是赢得他的信心。为他设想，让他知道你是站在他那一边，向他保证他采取的行动是对的。你自己深信你的产品是他应当买的，这将是决定性的因素。然后说服他要坚定。这类客户外表平和，态度从容，比较容易接近。但长期交往后便可发现他们言谈举止十分迟钝，有怯于决定的个性与倾向。他们往往注意力不集中，不善于思考问题。因此，推销员首先要有自信，并把自信传达给对方，同时鼓励对方多思考问题，并尽可能使谈话围绕推销核心与重点，而不要设定太多、太复杂的问题。

妙语点评

有些人天性优柔寡断，遇事不决；有些人处于特殊境况时当断不断。面对难作决定的客户，你该如何处理？先分清楚客户的类型，然后琢磨客户心理，不同的人用不同的方法区别对待。总之，是你促使客户下决心，而不是他自己或别人。

不可否认，大多数的人碰到要作决定的

情况都会犹豫不决，因为他们担心作的决定不好而遭到损失或遭受指责，因此这是推销员面临的常态状况。你的对策应该是，明确、重点地告诉客户，作决定后就会有哪些利益产生，对利益的推销是最佳的诉求方式。

因推销而失去友谊

交朋友费工夫，丢朋友一句话。

营销事典

高尔夫球是迪克最喜欢的娱乐活动之一，他在打高尔夫球时，总能得到彻底的放松。

迪克接触的好多人都是他的潜在客户，于是他经常在打高尔夫球时与朋友谈及证券方面的事，因此他的客户在短时间内成倍增长。

但是，慢慢地，迪克感觉到他的球友越来越少，好多成为他客户的人总是以这样那样的理由来推掉他的邀请，尽管他们依然与他来往，但仅仅限于工作关系。

迪克的朋友也越来越少，他陷入苦恼中。

曾经有人问一位伟大的哲学家，他比较想要哪样东西：金钱还是友谊。哲学家回答道："友谊，因为钱会花光，友谊却会长存。"

一人向哲学家寻求忠告后说："我会永远牢记您的教诲，并把它作为我们俩友谊的象征。"

哲学家说："抱歉，我的友谊是免费的，但我的忠告则是要收钱的，给钱吧。"

金钱纠葛是破坏友谊的原因之一。

在推销工作中如果利用友谊，那么你有可能就要失去友谊。因为推销总是以利益作为归结点的，这就难免有一些矛盾。在矛盾的解决中，总会损害某一方的利益去满足对方的利益，于是破裂出现了。当只是推销关系，彼此就不会有这么多的顾虑。对于利益点，可以直接向对方摆明，以达到最后成交的目的，不存在照顾、回避的问题。

顶尖诀窍

不要在朋友中刻意去做推销的业务。

正确做法

1. 不要卖东西给朋友

杰瑞的爸爸进了养老院，杰瑞便想把父亲那部没跑多少公里的旧车卖掉。他原本打算登报卖车，不过他的朋友席德缠着要杰瑞卖给他。结果 3 个月后，传动系统出了问题，席德咬定杰瑞应该负责。从此，他们两人就没有像以前那么快乐地聚头了。

2. 别和朋友合伙做生意

乔治是阿曼达的好友，他们从小就生活在一起，所以长大后也自然地合伙做生意。合伙后几个月，陆续出现了一些摩擦，阿曼达发现乔治的工作习惯和他有些不同。

阿曼达起得早，但乔治是不到日上三

妙语点评

不要和朋友作交易的戒律和向朋友借钱比起来算是小巫见大巫，朋友为钱反目的例子多不胜数。如果你要借贷，找银行别找朋友。朋友就是朋友，有的朋友可以作为商业伙伴，但成了商业伙伴之后的朋友就慢慢地改变了性质。如果你想永远拥有友谊，在推销中就要慎用"友谊"这把双刃剑。

竿不起床的。阿曼达上班 4 小时后，乔治才会出现。阿曼达凡事注重细节，乔治则大而化之，喜欢讲排场。如果谁主内、谁主外安排好的话，其实这也没什么不好的。但事实上并非如此，玩世不恭的乔治总是谈不下业务，一板一眼的阿曼达进退两难，不知怎么办才好。

3. 不要向朋友买东西

葛雷的老婆向葛雷要求了五六年之后，葛雷终于决定加盖阳台。葛雷的老友欧立刚刚进入改建这一行，何不让欧立接下这桩生意呢？虽然欧立的报价比别人多出 25%，但是他向葛雷保证："一分钱，一分货！"可改建后的阳台没多久就漏水了。葛雷又不好意思找欧立索赔，只好自己认倒霉，花钱请人补修了。

错用激将法

刺激到位才能事半功倍。

营销事典

在美国某珠宝店里，一对夫妇对一枚钻戒很感兴趣。夫人试了试，感觉很美，也显得很高贵典雅，便问了钻戒的价格。店里的销售员报了价以后，这对夫妇摇了摇头，都表示太贵了。他们要求销售员给他们一个优惠的价格。

但是销售员不为所动，继续说着这枚钻戒的来历不凡、质量上乘之类的话。于是这对夫妇犹豫起来。夫人很想得到这枚钻戒，可是先生却认为这种价格对于他们来说有点承受不起，他们的原意并不是这个价位。

销售员很不屑地看了看这对夫妇，说："其实好多人都喜欢这枚钻戒呢！"

夫人有些着急，极力怂恿丈夫买下它，但是这位先生仍然不作决定。"好多人就为了看看这枚尊贵的钻戒而跑到这儿来过过瘾呢，其实他们是买不起呀。"

那对夫妇非常难堪，先生甩下一句话："怎么就你们的钻戒高贵吗？我们要买一个比这个还要精致的、高贵的，走。"说完，拉着夫人走了。

深入分析

激将法的内涵是：用富有刺激性的语言来激发对方的某种情感，让对方的情绪发生冲动，在冲动情绪的驱使下去做某种我们期望他去做的事。比如，看到这对夫妇对这枚钻戒很感兴趣，但嫌价格太贵便犹豫不决，销售员如果对他们说："有位总统夫人也是对这只戒指爱不释手，只因为贵没买。"这对夫妇听了这样的话，很可能不但会马上掏出钱来买下这只昂贵的钻戒，而且还会非常得意。

俗话说："劝将不如激将。"那位推销员很懂得激将法的道理，但是却不能正确运用激将法。激将法用得不慎就会很严重地伤害人的自尊，会令客户非常反感，甚至反唇相讥。而使用恰当的激将法，倒能促使他们下定决心，因为人都有自尊心和荣誉感。恰到好处的激将法能够把客户强烈的自尊心、争强心激发出来，这样，推销员便达到了成交的目的。

正确做法

激将法虽然是推销谈判中常用的语言谋略，但也是有其局限性的，值得推销员注意。

> **顶尖诀窍**
>
> 错误地使用激将法，只能加快失败的速度。

1. 使用激将法要看准对象

激将法并不适用于任何人。一般说来，它多适用于那些谈判经验不太丰富且容易感情用事的人。至于那些办事稳重、富于理智的经验老成者，激将法就很难在他们的身上发挥作用。而对于那些谨小慎微、自卑感强、性格内向的人，也不适宜用激将法。因为富有刺激性的语言会被他们误认为是对他们的挖苦、嘲笑，并极可能导致怨恨心理。所以，使用激将法要看准对象。

2. 使用激将时法言辞要有讲究

并不是用什么语言都可以激发起对方的情感的。锋芒太露、太刻薄的言辞容易形成对抗心理；而言语无力、不痛不痒，则又难以让对方的情感产生波动。因此，在使用激将法时，一定要注意言辞的“度”，既防止“过”，又避免“不及”。

> **妙语点评**
>
> 激将法是一种很好的成交策略，但是使用不当会适得其反。客户都有很强烈的自尊心，并都很慎重地维护着。推销员如果能够利用这种自尊心，让他们在某一方面占得上风，则能刺激其争强心态，从而让其接受推销活动。

3. 使用激将法要顾及态度因素

必须指出的是，激将一般用的是“言辞”，而不是“态度”，切不可为了激将而甩脸子、拍桌子，这不仅有损谈判者的风度，还可能让对方产生厌恶的心理。

4. 使用激将法要配合其他方法

对于不可一世的人，适当地给他戴顶高帽子，就能非常容易地博得他的好感，这时候再趁机进行说服，便有可能达到目的。

不敢冒险

当你已抓住对方心理时，不妨冒冒险。

营销事典

科思在一次研讨会上认识了史密斯先生，两人谈得很投机。在交谈中，史密斯谈到他最近想买一套带花园的房子，并且他比较喜欢马萨诸塞一带的环境，只是一直没有合意的。

科思马上说他的一个朋友在那一带做房地产生意，他可以帮助史密斯。

史密斯当然很高兴。

第二天，科思就带史密斯参观了一栋环境幽雅、建筑结构美观漂亮的三层小楼。史密斯很满意。科思的预期售价是 13 万，可是科思的朋友看出史密斯非常中意这套房子，于是告诉史密斯这套房子售价为 15 万，史密斯犹豫了一下。科思很担心这个报价不能被史密斯接受，于是急切地说：“13 万吧，给你 13 万。”史密斯愣了一下，他对这么快就出现这么大的差价很惊讶，不知道科思到底在搞什么名堂，于是说：“我还想再考虑一下，然后带我夫人过来看看再决定。”

深入分析

在推销时，你必须自愿冒冒风险。风险是勇敢与常识的结合。如果不敢放大胆子、瞅准机会，你的对手就会抓住你的小辫子，给予你致命的一击。

在这里，敢于冒险是要跟干蠢事区分开的，而且这也不是代表异想天开去瞎碰运气。

聪明的冒险包含着了解冒险具有成功的可能性和情愿对自己能够承受得起的损失

一笑了之而不抱怨。显然，挫败的命运是你为了更大的前进而必须支付的代价。

就科思这种迫不及待的态度来讲，他推销出这套房子的成功率就不高。本来作为史密斯来说已经对房子非常满意了，而科思却不能抓住他的这种心理，冒一下险，坚持他朋友的报价，或者说：“已经有好几个买主竞相要这套房子了。”如此就会促使史密斯下决心购买。

应记住：当你感到务必要得到某个东西时，你永远得付出高价，因为你把自己置于一个对方容易驾驭的位置。

正确做法

推销者运用冒险原则时应参考如下几点：

（1）我们鼓励你冒险是要你冒那种乐意的或适度的险，而不是要你去赌博。

（2）冒险前要认真考虑可能性，确定可能的好处是否值得去冒可能的危险。

（3）要理智，不要独断，永远不要因为骄傲逞能而盲目急躁或异想天开地去冒险。

（4）当冒险的赌注实在很高时，应平分或联合承担风险。

（5）让别人加入冒险活动，你也就扩大了自己的活动范围，增强了你的持久力。

冒险不是一种鲁莽行为，而是一种推销策略。它是以客户意料之外的行动达成推销员意料之中的效果。

顶尖诀窍

欲擒故纵，攻其不备，出其不意。

1. 推销员要学会欲擒故纵

> **妙语点评**
>
> 冒险是一种给客户施加压力的策略，但是在使用这种策略上一定要注意分寸。要把握客户的心理，并使其产生心理压力。此时，对于日常学到的、总结出的经验策略，你可以反其道而行之。如果让客户看不透你的底细，他自然乖乖地被你俘虏。

欲擒故纵，“擒”是目的，“纵”是手段。怎样运用这“纵”的手段呢？诀窍是：当你和客户交谈时，可以表现出一种漫不经心的态度，就是说对能否向他推销出商品表现得毫不在意。这种态度很能引起客户的兴趣。为什么会这样呢？道理并不复杂。

推销员在推销时并不认真推销，客户就会认为推销员推销的商品市场前景看好，或者认为推销员怠慢自己。前一心理会调动起他的购买欲，后一心理会增强他的表现欲，他会想方设法让他人看到推销员是怎样失职的，也就是说他会表现自己作为一名重要人物是怎样被漫不经心的推销员怠慢的。但不管什么心理，给推销员带来的都是成功的机会。这种谋略尤其适用于那些刚愎自用、自以为是的客户，所以，推销员要注意学会使用这一谋略。

2. 攻其不备，出其不意

在推销中，有些客户拉出架势准备进行艰难的拉锯战，而且他们也完全抛开了谈判的截止期。此时，你的最佳防守兼进攻策略就是出其不意，提出时间限制。这一策略的主要内容是，在推销桌上给对方一个突然袭击，改变态度，使对手在毫无准备且无法预料的形势下不知所措。对方本来认为时间挺宽裕，但突然听到一个要终止谈判的最后期限，而这个谈判成功与否又与自己关系重大，不可能不感到手足无措。由于他们很可能在资料、条件、精力、思想、时间上都没有充分准备，在经济利益和时间限制的双重驱动下，会不得不屈服，在协议上签字。

不能突破思维局限

摆脱陈腐的思维局限，不断创新。

营销事典

在纽约，一家夜总会为了招揽客户，便找来一个体壮如牛的人，声称客户可以随便打击此人的肚子。有许多人前去一试身手，结果这家伙膘肥肉厚竟然纹丝不动。这家夜总会因此而客流如潮。可是时间一长，人们没了新鲜感，因此客人越来越少。

这天，夜总会的老板布鲁纳来了，看到客人竟然很少，不禁有些纳闷。这时，有一伙人进了夜总会。这伙人是这家夜总会的老客户，也是布鲁纳雇用“大个子”后的第一批客户，他清楚地记得那个红头发的瘦瘦的小伙子在打那个“大个子”的时候，被“大个子”厚厚的脂肪给反弹了回来，于是他准备过去与他聊一聊。

场上的主持人又开始了比比画画，布鲁纳还没走到那个小伙子身边，小伙子已经向“大个子”走去。于是布鲁纳停了下来，心想：又有好戏看了。然而结局并不像他想的那样。小伙子边走边把外套一脱，挽起袖子，煞有介事的样子。那个准备挨打的“大个子”熟练地挺胸收腹，深深地吸

顶尖诀窍

换个角度看问题，突破思维定式。

了口气，静待来人。这个小伙子虚晃了一拳，却偏不打他的肚子，而是朝“大个子”的下巴揍去，“大个子”应声而倒。

人们哄堂大笑，布鲁纳惊讶不已。忽然，他明白他需要做些什么了。

从某一方面来看，小伙子的确是一个善于突破思维定式的人，无论他最初的目的是什么，他的这种突破都值得布鲁纳学习。

在现实的推销中，如果推销员没有一种创新意识，就非常有可能被有创新意识的竞争对手给蚕食掉。

商品经济的发展和市场竞争的日趋激烈，客观上要求推销工作不仅能够跟上外界环境和竞争对手变化的步伐，不致沦为落伍者，而且更重要的是洞察发展的趋势，先发制人，刻意求新，做到“人无我有，人有我新”。

今天的新信息，到了明天就不再是新信息。过去的失败原因并不一定会招致未来的失败。因为社会不断地在变化，人们的习惯与观念也慢慢地改变着。

我们必须摆脱陈旧庸俗的观念，从整体去构想更多的创意，然后依照科学方法去抉择，并以最大的勇气“大胆假设，小心求证”。这就是现代推销所要求的才智和勇气。

深入分析

这家夜总会开始用这一招吸引了很多客户，但是日久天长，人们的新鲜感已经没有了，人们已经厌倦了这一套，而夜总会并没有意识到这一点，仍然继续这样的把戏。布鲁纳如果不来这个现场，没看到“大个子”被打倒的一幕，或许还没有意识到自己的这种招数已经过时了、陈旧了，不能满足人们的好奇心了。

妙语点评

不要让思维定式束缚住。有时候不按常理出牌反而会获得更妙的反应。创新是推销员保持推销活力的重要因素。推销是一种锻炼人的思维的活动，面对同样的场景、同样的客户，不同的推销员采用不同的推销方式，就会产生不同的效果。推销员要不断活跃自己的思维。

正确做法

1. 冷静积极地思考

在窘迫的处境下，只要冷静而积极地思考，必能发现一种天赋的潜能，那就是“创造的意志”，由此便可产生各种创意。

2. 改变角度

任何事情都有许多可以达成的方法。不过，假使你被庸俗的陈腐观念所束缚的话，你当然没有一个解决的办法。但是只要你肯稍微改变观察目标的角度，你必定可以发现许多看上去是异想天开，但却是可以实现的多种方法。

不能与客户有效互动

随时洞察客户的心理，并懂得随机应变，是营销成功的基本素质。

营销事典

推销员吉姆与客户麦克沟通过几次了，可是麦克就是没有一点心动的表示。这一次吉姆又来了，他絮絮叨叨地和麦克聊了起来。当吉姆说起自己有台笔记本电脑时，麦克抬起了头。笔记本电脑？麦克正遇上了一个使用笔记本电脑的问题，于是跟吉姆聊了起来。

"你的笔记本电脑是什么牌子？"

但是令麦克不解的是，吉姆居然支支吾吾没说出个所以然来。

"我现在用的这台笔记本电脑出了点问题，你能帮我看看吗？"

"我……噢，也许是你使用上的错误。"

于是麦克又说起一些关于电脑的基本知识，但是吉姆对于他所提的问题置若罔闻。麦克的脸色慢慢变了，他知道他们没法再接着聊下去了。

"我们可以一起喝杯茶吗？"

麦克很反感吉姆，于是他告诉吉姆不要再来了，他根本就不打算买他的产品。

深入分析

如果吉姆懂些电脑知识，或者想起打个求助电话，事情就就可能会有另外一个结果。

先说说吉姆存在的问题。

1. 不诚恳

吉姆说到自己有一个笔记本电脑，但是却说不清笔记本是怎么回事，很明显，吉姆给人的感觉就是他在撒谎——既然你有笔记本电脑，你怎么会对此一无所知呢。客户最讨厌的就是对他不诚恳，以撒谎的形式来结交客户是很危险的，一旦被揭穿，你们的关系就没法再继续维持下去了。

2. 积累太浅

在推销过程中，吉姆还是出现了一次机会的，就是麦克对他谈的电脑话题感兴趣，而他自己却没法接着聊，因为他不懂。

3. 态度不自信

一个推销员的态度一定要不卑不亢。因为你每天去见的人差不多地位都是比你高的，如果自己觉得低人一等，那就做不成什么生意了。尽管做推销员是去卖东西，是去求人，但态度上千万不能卑下。

正确做法

1. 学会观察生活

一个优秀的推销员应该能仔细观察生活，并能从生活中提炼出自己所需要的。如果你对生活很麻木，对什么事情都是一副可有可无的态度，那么你在与客户的谈话中就会露出破绽，最终使你的客户产生反感。比如花点时间去了解和研究一些最近发生的世界大事件、大众感兴趣的话题等。吉姆就因为积累不够，空洞卖弄，显得很没有底气，最终被客户看穿。

2. 不断地学习

推销员需要很好的口才，但好的口才是建立在丰富知识的基础上的。推销员经常面临的一个问题是，当客户开始对你的话题感兴趣了，你却不知道如何把话题继续下去。所以，推销员平时一定要积累各方面的知识，即便和自身行业没什么关系也要注意积累，说不定什么时候就成就了你的一次营销呢。

3. 善于调节气氛，转换话题

吉姆请麦克喝茶，被拒绝了，原因是他前面犯的错误给别人留下了不好的印象。但他这时还有一件可以做却没有做的事情——被拒绝了不能再坚持坚持吗？另外，在这个案例中，如果吉姆在发现情况不妙后能够立

顶尖诀窍

被动的时候转换话题，有时可以取得奇效。

即转换话题，变尴尬为自如，局面也不会僵到无法挽回的地步。要注意的是，在转换话题时也不能没有技巧地生拉硬套，180° 大转弯，那也会让客户很不舒服。

妙语点评

推销员如果被客户牵着走的话，就永远都别想成功。所以，推销员在与客户打交道的过程中，一定要把握主动权，这就需要推销员要经过各方面的精心修炼，不断地打造自己，从各方面弥补自己的不足，尤其要有一个朋友圈。一个在你危难之时能够解救你的朋友，是你最好的资本。

4. 自信

这应该是一个推销员具备的最基本的素质。保持充足的自信，客户才能够信任你，才能够继续与你交谈。

5. 清楚自己的角色和客户的类型

弄清楚客户的心理很重要。麦克在聊天中谈到自己遇到了一个关于笔记本电脑的问题，如果吉姆对此很陌生也没关系，他可以坦诚地告诉麦克：“我对此也不太懂，因为我刚买了笔记本，还没等研究，就被朋友拿走了。他是学这个专业的，我们平时的关系又很好，我就给他用了。我可以马上给他打电话，问一下这个问题怎么处理。”然后，找一个最懂电脑的朋友帮助解决这个问题。这样，麦克一定会对吉姆很满意，一是吉姆帮他解决了电脑难题，另外，吉姆可以将自己新买的笔记本借给别人，这样的人，还有什么不能信任的呢？

6. 有自己的朋友圈

当然，推销员不要为了赢得客户的满意就硬逞强，那也会适得其反。多交朋友才是要诀。做推销员一定要有自己的朋友圈子。“朋友多了路好走”，这句话说给推销员最恰当不过。

不合理地报价

出价或喊价务必要合理，不要因轻率而毁坏整个交易。

营销事典

某公司急需引进一套自动生产线设备，正好马克所在的公司有相关设备出售，于是马克带上产品资料前去拜访该公司老板瑞德先生。

“您好！瑞德先生。听说您急需一套自动生产线设备，这是我们公司的设备介绍。”

“哦，马克先生。我们现在是很需要这种设备，你们公司竟然有，太意外了……”

马克一听大喜过望。他知道在这个小城里拥有这样设备的公司仅此一家，而对方又急需，看来这桩生意十有八九跑不了了。

于是他颇为扬扬自得地说：“我们这套设备售价30万美元……”

“什么？你的价格也太离谱了！”瑞德一听勃然大怒。

深入分析

推销是从实际出发的，理想目标固然要遵循“求乎其上，得乎其中”的原则，但是，理想目标绝不是漫天要价，你总不希望当你刚亮出报价牌时，就把对方吓跑了吧！

所谓“买卖交易”，当然是要靠良好的判断力，作一个周密的评估。评估时应该将目标订得高一点，尽管那样会有一些风险，但对目标的把握也不能掉以轻心。

正确做法

推销就是一个不断寻找反馈的往返行为。买方、卖方各自订立目标，然后寻求反馈，反馈中的每项要求、让步、威胁、迁延、最后期限、权限，甚至好人、坏人的评语，都可能影响双方的期望值，任何一句话、任何新动向都可能左右价钱的起伏。

顶尖诀窍

报价是讨价还价的开始。

期望值、敢不敢承担风险和成功是相关的。在选择目标时，个人就仿佛赌客下注一般，尽可能在所得、代价和成败之间保持平衡。当然，这并非易事，因此，人们只能利用过去的经验，凭此出发进行判断。

有两位教授做过一个实验。他们在进行交易的两人之间安置了一道栅栏，让双方都看不见对方，也听不见对方说话，因此要价、出价只能靠传递纸条沟通。在沟通过程中，双方所得之信息完全一样。但是一方被告知，他可以以 7.5 美元成交；另一方则被告知他可以以 2.5 美元成交。结果，期望以 7.5 美元成交者，果然如愿以偿；期望以 2.5 美元成交者，也和预期所得很相近。

你的报价最好有个目标区间，以便你和你的对手都自由选择于理想目标和终极目标之间。

早上，甲到菜市上去买黄瓜，小贩 A 开价就是每斤 5 角，绝不还价，这可激怒了甲；小贩 B 要价每斤 6 角，但可以讲价，而且通过讲价，甲把他的价格压到 5 角，甲高兴地买了几斤，此外，甲还带着砍价成功的喜悦买了小贩 B 几根大葱呢！

同样都是 5 角，甲为什么愿意磨老半天嘴皮子去买要价 6 角的呢？因为小贩 B 的

妙语点评

别把报价看成无足轻重的事情，作为一个合格的推销员，要掌握报价的技巧。

价格有个目标区间——最高 6 角是他的理想目标，最低 5 角是他的终极目标。而这种目标区间的设定能让甲从心理上接受。

对于推销者来说，讨价还价时，如果你不要求，你就什么也得不到；如果你的要求很少，就不可能得到太多。谈判桌上，如果你提出很高的要求，虽然你基本上没有机会得到高于其最初所提要求的结局，因为一旦开局的要求摆到了桌面上，讨价还价者就只能从这一点向后退，而不可能得到更多了；但是你至少能获得那些不要求或要求很少的人无法得到的那部分东西，甚至你还可能得到你所要求的全部。为此，人们虽然知道高要求常会导致僵局的发生，从而使推销破裂，但还是常常冒险提出高的期望。

| 第六章 |

在再次拜访和持续销售中最可能犯的错误

无法深入会谈

引发客户的兴趣，激发客户的兴趣，刺激客户的购买欲望。

营销事典

卡尔·鲍塞威尔：“人身保险可以为您和家人获得足够的保障。”

汪科先生：“其实你没有必要再努力了。我已经65岁了，已经买了3份人身保险，它们可以保证，一旦我出了什么事，我的妻子和孩子能够马上获得比所需还多的钱。”

“那您认为您的企业在将来的发展中都有充足的保障了吗？”

“当然，它正在逐渐变得完善，我越来越欣赏它，你不是慕其名而来的吗？”

……

深入分析

推销员必须以不同的方式接近不同类型的客户。也就是说，推销员在选择接近客户的方法之前，必须充分考虑客户的特征，依据事前所获得的信息评估各种接近方法的适用性，避免由于方法不当而导致推销失败。

强调深入会谈，其目的在于使会谈接近令人满意的效果。客户是千差万别的，每一个客户都有其特定的购买方式、购买动机和人格特征，因而，他们对不同的接近方式会有不同的接受程度。在某一客户看来，有些方法是可以接受的，而对另一客户，这些方法可能是难以接受的；同样的，对某一客户非常有效的接受方法，对另一客户则可能毫无效果。即使是对同一客户，也不应总是使用同一种方法。

兴趣是人对某一事物积极接近的意向，

是人愿意对某一事物进行深入探索的心理倾听。兴趣是在注意的基础上发展而来的，又反过来强化注意。有时，客户是因为对推销员及其产品感兴趣而集中注意力的，但更多情况是，客户注意到产品，然后才对其产生兴趣。

顶尖诀窍

有兴趣才有动力。兴趣是客户最好的购买动力。

正确做法

使客户产生兴趣最根本的方法是让客户了解产品或服务能满足其需求，或者说能为其带来利益。因此，推销员应在接近客户时，以最简短的语言概括说明产品能为客户带来哪些利益。此外，还可以用简洁而有效的示范方法演示产品的最主要特征，使客户初步了解购买产品的好处。

引起客户的注意和兴趣，并不是接近的最终目标。从推销过程的角度看，接近的主要任务是引导客户自然而然地转入实质性洽谈阶段，以便促成交易。

由接近转入实质性洽谈通常并不困难，只要接近是有效的，引起了客户的注意和兴趣，多数客户就会要求推销员详细介绍产品、说明成交条件，从而进入实质性洽谈阶段。如果客户由于种种原因没有作出积极的反应，就需要推销员使用一些技巧。不论使用什么技巧，都要坚持自然而然地完成转入过程，尽量不给客户造成某种心理压力。

怎样才能做到以不同的方式接近不同的客户呢？推销员可以从以下几方面着手：

首先，要努力掌握尽可能多的接近方法和技巧，熟悉不同方法的适用条件。只有掌握多种方法，才可能有所选择；只有熟悉每种方法的特征，才可能作出正确的选择。

其次，要充分利用准备工作期间所搜集的信息判断客户的特征，并在制订洽谈计划时对如何接近客户的方法给予充分的重视。一个优秀的推销员在制订洽谈计划时，肯定会对怎样接近客户有所考虑。

最后，推销员要善于总结实践经验，发现接近客户的一般规律，用以指导自己的工作，提高接近的有效性。

此外，英国学者帕特森提出的“角色扮演法”也有助于推销员提高其接近方式的适用性。这种方法要求推销员在接近不同的客户时，相应改变自己的外在特征和内在特征，扮演客户所乐于接受的角色。为了使所扮演的角色达到“出神入化”的境地，推销员不仅要改变服装仪表、语言风格，还要改变情绪和心理状态。

妙语点评

在实际推销工作中，有些推销员善于引起客户的注意，但不善于培养客户的兴趣。从某种角度看，兴趣更重要。如果在引起客户的注意后，不能很快使客户对产品产生兴趣，不仅会使客户的注意力重新分散，更难以激发客户的购买欲望。因此，在接近过程中，必须设法尽快培养客户的兴趣，以便可以深入会谈。

再次拜访时机不当

选择最佳的时间、地点，成功的几率才高。

营销事典

吉拉德："蒙特利先生，您上次说你们农研所需要这批设备，我今天特意将一些相关资料带来了，给您作个参考。"

蒙特利一边接着电话，一边起草着一份文件，根本无暇顾及吉拉德。

当吉拉德正想再次发问时，蒙特利的声调提高了八度："怎么回事，不是已经给你交代得很清楚了吗？"吉拉德吓了一跳，蒙特利正对着话筒发火。吉拉德有些不知所措，好不容易等到蒙特利打完电话，吉拉德再次重复了刚才的话，蒙特利不耐烦地说："我们现在不需要了，以后再说。"

注意力集中是指人的大脑和感觉器官被某一事物所吸引而忽视其他事物的一种状态。能否吸引客户的注意力，是决定推销洽谈能否深入进行下去的关键。成功地吸引客户的注意力，可以使客户更快地了解产品的特征与利益，使客户更好地理解推销员的陈述，从而为激发客户的购买欲望奠定基础。

客户的状态不佳，直接影响了推销的进程。推销员应该能察言观色，判断客户当

深入分析

在再访阶段，客户的注意力由于种种原因往往分散于不同事物之中，在此事与彼事之间游移、徘徊，常常表现出心不在焉、反应不够灵敏、态度模棱两可等状态。对于这类客户，是很难开展有效的说服工作的。因此，推销员必须在一开始就设法使其注意力集中于洽谈过程。

时的状态再采取攻略。

正确做法

1. 选择最佳时间

尽量替客户着想，最好由客户确定或由客户主动安排时间。

见面的时间应避免安排在客户最忙碌的时候。因此，应注意客户的生活作息时间与上下班活动规律，从中寻找客户较为轻松愉快的时间作为接见的时间。

2. 控制时间

推销员必须善于控制接近时间，不失时机地转入正式面谈。如前所述，接近只是整个推销过程的一个环节。接近的目的不仅在于引起客户的注意和兴趣，更重要的是要转入进一步的推销面谈。因此，在接近过程中，推销员一方面要设法引起和保持客户的注意力，诱发客户的兴趣；另一方面要看准时机，及时转入正式面谈。

3. 确定最佳地点

一般应照顾约见对象的要求，最经常使用的也是最主要的约见地点是确定的办公室或一些推销的公共场所，如展览厅、订货会、货栈、洽谈室。另外，按约见目的，也可以把公共娱乐场所作为约见地点，如咖啡厅、音乐茶座、茶楼、酒店，而太嘈杂与来往人太多的地方只能作为礼节性拜访、初次认识、联络感情的场所，绝不能作为实质性谈判的地方。

顶尖诀窍

合适的拜访时间才不会干扰客户正常的工作。

访问地点的选择在原则上应尊重对方的意见，一般来说，只要是不受外界干扰的处所，都是推销的好地方。

4. 确保话题深入的时机

由接近转入实质洽谈通常并不困难，只要接近是有效的，能引起客户的注意和兴趣，多数客户就会要求推销员详细介绍产品、说明成交条件，从而进入实质性洽谈阶段。如果客户由于种种原因没有作出积极的反应，就需要推销员使用一些技巧。不论使用什么技巧，都要坚持自然而然地完成转入过程，尽量不给客户造成某种心理压力。如果话题的转移过于突然，可能引起客户的不安，给实质洽谈制造障碍。

5. 安排自己的访问行程表

根据《美国推销员杂志》的统计，推销员平均每天工作 9.5 小时，其中面谈时间为 3 小时 42 分（39%），交通时间 3 小时 2 分（32%）。

要提高推销绩效，应减少交通时间，增加面谈的时间，这就有赖于妥善安排访问行程表，尽量把附近的准客户安排在同一拜访时段，合理使用时间。

妙语点评

时间、地点应该能由推销员自己把握，如果不能也要确定客户定的时间、地点是否于己有利再接受。如果见面后开场白就谈得投机，接下来就比较顺利了。一般应说一些高兴的事，不要讲令人垂头丧气的事。如果对方天南地北地说个不停，你就要好好听着，再根据时间及具体情况，顺理成章地把话题转入正题。

谈判对象角色定位错误

与你在谈判桌上交锋的，并不一定是决策者。

营销事典

有一位卖洗衣液的推销员，精明能干。他先后几次去一位客户家，都只碰到一位白发苍苍、满面皱纹的老太太独自在家。尽管他也介绍他的产品，却总是心不在焉，因为他认为这个老太太不是他直接的购买者。当他第四次拜访的时候，年轻的男主人碰巧在家。

两人谈得很投机，谈完公司谈制度，谈完制度谈产品。主人很兴奋，表示先买一瓶丝白（洗衣液）。谈了好久后，这位推销员起身去卫生间，当他从卫生间出来走在走廊上时，听到老太太沙哑的声音："买什么买？刚才那个推销员来过我们家几次了，今天又来了，看见我连个招呼也不打，他根本不愿理我这个没钱的老太太。他卖的洗衣液 118 元一瓶，外面几元钱一袋，阿欢（老奶奶的小孙女）很喜欢那辆装甲车（玩具），才十几元钱，我都没有给她买。不要买了，我们家没钱。"原来，这位他从没多加留意的老太太对促成这笔交易起着至关重要的作用。最后，男主人对他说："我得听我妈的。"

深入分析

推销员忽略了老太太的作用，他一直认为年轻人才是他的客户，结果老太太一句话就让他所有的努力付诸东流。

在推销过程中，对于没有决策权的人我们也不能忽视，先弄清楚他的角色地位，再进一步使用策略。那么，谈判对象都有哪些角色定位呢？

1. 使用者

此类角色是指客户公司中在购买产品

以后实际操作和使用或者监督产品使用的人员。

> **顶尖诀窍**
>
> 使用产品的人才有最终拍板权。

使用者主要关心产品或服务对他的部门和他负责领域的日常工作会带来什么效率或影响，因此，他考虑问题的范围可能会比买方决策者狭窄。他会较关心推销员所推销的产品的可信度、服务记录、使用产品所需的训练课程、操作的方便程度、维修是否复杂及对员工士气的影响等问题。

2. 技术型角色

这类买主角色对推销员的产品或服务通常没有批准权，却具有否决权。他们的任务是判断公司决策者提案中的技术层面的问题，提出采购的技术性标准，决定哪些推销员的产品或服务适合公司的需要。

技术型买主关心的焦点是产品本身。他们根据推销员的产品是否能符合他们的某个专业标准来决定推销员是否有资格和他们公司打交道。

3. 决策者

作为买方决策者，他们最关心的是推销员所推销的产品带来的成本和公司将来的经济效益。虽然他们也很关注产品的价格，但事实上他们关注的焦点不是价格本身，而是价格能给他们带来的价值。买方决策者可能是一个公司的董事会或特设委员会，但是即使在董事会或特设委员会之中，仍然有一个人的决策权是最大的。推销员必须判断在客户公司中谁和财政权最接近，谁具有直接调度资金的权力。

正确做法

1. 确定决策者

（1）客户对所推销产品的感觉。

例如，一家客户公司在决定首次向你购买自动化机器时，决策审核权通常会移至高层主管，但是到了更换零部件时，可能中下层主管就可以做主了。

所以，推销员要尽量让客户对你的产品了解得更多，才可以让中下层主管对你的产品有更多的信心，这样即使有时他做不了主，也可以向高层主管推荐你的产品。

（2）商业环境。

公司总是要在市场中生存，所以总会受到其所在的商业环境的影响。在经济不景气时，一般公司都会紧缩预算、控制支出。这时，扮演“买方决策者”角色的层次将上升；反之亦然。

（3）生意额。

一般来说，一笔生意数额越大，决策权就越集中在公司的较高层；公司规模越小，决策权就越集中在公司的较高层。即一笔相同金额的生意在小公司里可能要经理批准才行，可在较大的公司里中层经理就可以有最后同意权。

所以，推销员应根据自己所推销产品涉及的金额来采取适宜的办法。当推销员所推销的产品数量不多、金额不大时，推销员

妙语点评

推销员一定要明白，找准自己的推销对象是极其重要的，对自己业绩的提升有极大的帮助。同时，也不能忽视了使用者、技术员、顾问等一系列角色，他们都能左右高层管理者的最后决策。

就应该主要针对公司里的低层管理人员进行推销，因为金额较小，他们可能会有决策权。当推销员所推销的产品数量和金额很大时，应当主要针对公司里的高层人员进行推销，说服他们购买。

2. 重视使用者

对于这个角色的人员，推销员一定要给予足够的重视。这些人员是推销员推销的产品的实际使用者和消费者，也就是说，他们的意见将直接影响决策人。毕竟，企业购买产品大多是由员工使用，或作为公司对员工的福利。如果这些员工觉得你的产品不好用，他们就会对上层主管抱怨，使得上层主管不再购买你的产品。

所以对推销员来讲，如果你不能说服使用者支持你，要做成这笔生意往往不太容易。一般来讲，财务决策者会与产品的使用者取得联系，听取其意见。

3. 认真对待技术型角色

一般来讲，客户公司的采购代表处于技术型买主的角色，会根据价格、交货期、质量等标准来选择适合他们的供应商。财务部门则会从推销员所代表的公司信誉和销售条件来选择。人事主管也可能以是否对员工士气有影响来选择。

通常，技术型买主喜欢提的问题就是“你的产品是否符合条件”。所以，对于推销员来讲，在遇到这种角色的时候，一定要在推销过程中主要针对你所推销的产品能符合对方需要的条件来强调自己的优势。

无法突破僵局

打破僵局很可能牵一发而动全身，所以必须慎之又慎！

营销事典

推销员："老先生，这是一种新型剃须刀，各方面性能指标较其他同类产品都有较大的改进，它的主要配件都是最先进的。"

客户在仔细地观察了一阵并且试用了一下后说："这不太可能，这种剃须刀我顶熟悉，不可能像你说的是最先进的，并且性能也不见得好，同我那个老机子也差不多。"

推销员："怎么可能？这种剃须刀可是我们公司新研发出来的，公司作过大量的市场调查，并且还收到好多客户的反馈，都认为是比较先进的。"

"难道我常用的我还不清楚，不信我给你拿我的去。"于是客户真的拿出了一个和推销员手中一样的剃须刀。

推销员一下子愣住了，不知怎么接下去了。

深入分析

如果推销员面对客户如此肯定的态度，不继续同他强辩，而是如此说道："是吗？难道这个样品有问题？我手头还有样品让您看看，可以吗？"那么客户也不会继续僵下去了。

推销是会有两种结果的，即协议达成或协议未达成。尽管推销前人们都抱有很大期望，但不论你有多么高明的推销技巧，或一方付出多大的努力，协议仍有可能未达成。正如跳交谊舞，得有一个人愿与你共舞。做成一笔交易也一样。在现实中，有很多理由可使你的客户不愿与你共舞，或是你不愿与客户携手。

推销员既要保持自己的尊严和原定方案，又要照顾客户的脸面和情绪，让彼此都将推销大门敞开，不再为了某一细节僵持不动，为以后的合作留一条出路。因为在当今社会，竞争异常激烈，谁拥有客户、拥有市场，谁就拥有一切。

推销一旦陷入僵局，对那些急性子的推销者绝对是致命的！只要陷入僵局，时间会无限地延长，根本看不到有结束的可能——这对那些想一鼓作气的推销者无异于当头一棒！

想要在一两次接触中就谈好生意的情况毕竟是不多的，通常必须制订长期战略。

僵持之所以有力量，在于它对双方产生的作用，它是对双方的决心和力量的严峻考验。僵局过后，买方和卖方都会被软化，双方都更愿意相互妥协，特别是在能找到一个保全面子的方法时更是这样。不过，僵持确实包含着风险，某些僵局可能永远不能被解开。

面对僵局，不要着急，也不要泄气，要在不利于你的情况下设法打破它，而当有利于你时要会利用它。

那些有耐心的推销者面对僵局时并不害怕，虽然僵局多多少少对他们也会有一些影响，但显然要少得多。相反，聪明的推销者还可以利用僵局，向被僵局搞得心慌意乱的客户施加压力。

僵持仅仅是推销战术中的一个。它也像任何其他方案一样值得考虑，但它不总是合适的，也就像任何其他战术不总是合适的一样。有些推销员对僵持持犹豫态度，甚至该僵持时都不僵持。愿意敞开思想仔细考虑僵持问题的人，肯定能改进他的工作。

顶尖诀窍

退让、改变策略或者利用僵局。

在出现僵局的情况下，往往更能试探

出对方的决心和诚意。

假如你冷静地判断出对方是确有诚意要促成此交易的，是希望打破僵局的，那么你就可以适当采取一些积极的行动，稍作一点让步，抑或只是形式上的让步，都可以使对方看到你的诚意，情况往往就会出现转机，使对方的态度明显缓解。但要注意，假如你发现这僵局有可能是对方故意制造的，你可以稍作一些让步作为试探，如对方仍不松口，这时候你最好也能坚持一下，作好打持久战的准备。

妙语点评

推销的中断往往并不是因为震惊世界的举动或者什么大的经济问题而引起的，像人的个性差异、怕丢面子、组织中的麻烦、与老板的关系不佳或者全然无力作出决定这类小事都会导致推销中断。在设法打破僵局时必须考虑人的因素。不是说你要做什么，而是你怎样去做，这也许是最关键的。你该预先仔细地考虑该说些什么话或做些什么事，来为重新进行讨论和为另一方听取意见提供一种保全面子的办法。如果你在僵局发生之前就做到了这一点，那么你就能更好地处理问题。

正确做法

1. 分析僵局的原因

面对仅打过一次交道、见过一次面、相互不太熟悉而且又让自己吃了闭门羹的客户，怎样才能打破僵局取得成功呢？这就是继续访问的重点。

我们应该从失败的推销中学到一些将来可能有用的经验和教训。是不是报价太高，对方无法接受？是不是言语没掌握好分寸，得罪了对方？从上一次犯的错误中吸取一些东西，问问自己，如果换个方式、做法，是不是会获得预期的效果。

2. 让对方喜欢你和你的东西

面对僵局，欲使交易成功，其关键的一招就是要能使对方喜欢你，除此之外别无他法。当你公司的产品在品质、价格及其他条件与别的公司差不多的情况下，只有你特别受到对方的喜欢，他才会购买你的产品，不过要做到这一点不容易。

3. 退让

勇于共担风险。有分摊未知损失和收益的愿望，能够恢复一场拖延下来的讨论；提出妥协的程序或保证来打破僵局；增加有效的或显而易见的选择。提供未必能采用的选择也可能缓解紧张形势，以利于交易的进行。

4. 改变

改变收款的方式，如较高的预付金、较短的支付期，或者在总金额不变的情况下，采用另一种不同的支付形式，也会产生奇妙的结果；更换推销小组成员或小组的领导；变更不确定因素的时间顺序，例如把协议中的某些困难部分推迟到晚些再进行推销，因为那时已了解了更多的信息；改变实施的时间进度；把讨价还价的重点从竞争转向合作；让双方工程师接触，操作人员在一起，老板在一块儿；改变合同的种类；改变百分比的基数；找一个调解人；安排一次最高级会议或“热线”电话；对技术规格或条件作些变动；设立一个联合研究委员会；讲一个有趣的故事。

不会巧妙运用提问法

问题有许多功效，也有多种表达方式。

营销事典

推销员：“卢尔弗先生，谢谢您给我机会介绍我们的产品。”

卢尔弗：“欢迎你来。”

推销员：“请允许我介绍康福的最新系列产品——安逸。您也知道，现在顾客比较喜欢颜色亮一点的家具，老旧的款式已经不流行了。为了满足消费者的需求，我们的‘安逸’系列正式问世了。客户想要的任何颜色如深红、紫色、黄色、亮粉红色等，应有尽有。而且，我们为零售商提供客户定制的家具，您的客户要粉红底座沙发，可以！定制不另加价，两天交货。价钱嘛，标准型只要350元，很不错吧？”

卢尔弗：“嗯，那么……”

推销员：“我的解说很清楚了吧？还有什么您想知道的吗？”

卢尔弗：“你说得很清楚，只不过，嗯……我想年轻人会很喜欢你们的东西，可是你知道，这附近有不少退休老人公寓，我打算把我的目标客户锁定在比较年长、有固定收入的人，进货也以典雅、价钱合理的沙发款式为主。”

深入分析

优秀的推销员应该学会技巧性地发问，而不是滔滔不绝地解说，否则可能无法确定客户的真正需要什么。

你必须把你们的话题引到客户的实际需求上，若想要尝试引导话题，提出策略性问题是有帮助的。

你所提出的问题可以从 4 方面协助你谈成生意：

（1）借由提出问题，可以让客户在一问一答之际参与你的产品说明过程，一旦他参与其中，要撤手就比较困难。

（2）所提出的问题可以帮助客户评估你的商品或服务的价值。

（3）发问能证明你对客户的生意确实感兴趣。

（4）发问可以帮你找出客户的真正需求。

给推销对象提问的方法很多，因为问题有许多功效，也有多种表达的方法。

没有沟通就没有推销。推销是双方为了达成共识而相互沟通的过程。相互沟通并非易事，即使是双方有着很深的共同背景与人生经历也是如此。一起生活了几十年的夫妻之间有时还会有误解呢，何况是双方为了某种利益所进行的推销呢！因此，相互不了解的人之间存在沟通障碍并不是什么奇怪的事。不管你说什么，对方总是会有不同于你的理解。所以，要先尽量了解对方再发问。

正确做法

提问的方法有以下几种：

1. 直接提问法

如果你的客户态度冷漠，对什么事都不感兴趣，或是犹豫不决，直接询问是最合适的了。比方说，当你问客户喜欢蓝的还是红的，他只能回答蓝的、红的或者都不喜欢。如果回答都不喜欢，那就再问为什么，并设法排除就行了。

> **顶尖诀窍**
>
> 提问得当，峰回路转。

2. 迂回曲折法

如果想要对方表达自己的意见时，最好应用非直接问句。不过使用间接的方法提问时，对方的答复可能会偏题。

3. 引申法

以下的问题就具有这样的特点。通过引申法提问，可以促使对方思考原因。

“签个两年的合约你觉得怎么样？”

“这个主意你是怎么想到的？”

“你确信吗？”

“你能考虑这样的条件吗？”

4. 探询法

这样的问法能获得最多的信息。

“你最近有机会看我们的新产品吗？”

“你觉得这么说公道吗？”

“我们作了一个调查，你想了解调查结果吗？”

“知道我们指派了一位设计专家跟你们的工程师一道工作吗？”

5. 施加压力法

这样的提问会促使对方作出决定。

这或许是收尾的问题，它们促使对方作出决定，以结束推销。

“你要还是不要？”

“你要哪一种？红的还是蓝的？”

“你想要订购多少？”

6. 诱导法

诱导性问句就是企图通过连续的问题，根据发问者的逻辑，引诱对方回答。诱导性问题会引对方落入陷阱，因为发问者只想知道他够不够诚实。

“我这个价钱是不是最优惠的？大概不是？那谁拿到了？为什么？你们老板恐怕不是这么说的吧？对不对？”

“你的价目里包括研究费用了吗？有多少？比例合适吗？你既然说这种产品不需要作研究，为什么里面又有这项费用？”

我们看下面精彩的提问法：

（1）“您有两分钟时间吗？我想向您介绍一种让您既省钱又增加生产力的产品。”

（2）“您希望如何改善现有的产品？”

很明显的，这和上一个问题类似，都是在协助客户自我改善。如果你的产品具有这项功能，赶快向客户推销。如果没有的话，你就该想办法有。

（3）“您能告诉我，我们的对手哪里做得比我们好吗？”

这个问题的答案和产品有关的有3个因素：价格、品质、送货。如果你在这些方面会做得比对手好，那就大胆去争取客户。要求客户试订，让你有机会证明你可以做得比对手好。如果客户还是拒绝，那就可能还有其他原因。

（4）“我们寄给你一个免费样品试用30天，30天后，我再来问您试用的结果，可

妙语点评

提问除了可以获得资讯，还有提供资讯、刺激思考和帮助别人作判断的功能。必须指出的是，每个问题都包括了前后两部分：第一部分是问题的范围、背景和构架；第二部分才是问题的本质。巧妙提问是打开成功大门的钥匙。在谈判桌上，“问”可视为一种企求；“答”当视为一种退让，发问得宜，答得机巧，推销自然无往不利。

以吗？”

虽然花钱，但很有效。这种做法在消费性产品上已行之多年，如果你还没开始做的话，是该采取行动的时候了。

（5）“您可否告诉我，谁可能会需要我们的产品呢？”

这是每一位保险推销员一定会问的问题，推荐介绍是开拓新客源的好方法。

（6）“我可以告诉你几位使用本公司产品的客户名字吗？”

（7）“我是否有任何可效劳之处呢？”

这是最后一记绝招，等于是向未来客户下战帖，欢迎他们来挑战本公司的实力。只要你有本事让未来的客户作出要求，而且你也能满足他们要求的话，这生意你就做成了。

被说“不”的客户吓倒

客户说“不”并不表示完全拒绝。

营销事典

“杰克先生，那件事您考虑得如何了？”

“对不起，玛丽小姐，你们这款洗碗机也太贵了。”

“杰克先生，您可以仔细考虑一下，这是最新款式的，而且质量很好，我们已经卖出几百台了。再说，它还兼有消毒的功能，比市场同类产品便宜多了。”

“这样，我再看看其他洗碗机。”

“杰克先生，马上就要到圣诞节了，我们这款产品正好有优惠活动呢。您可不要错过这个机会啊。”

“给我时间考虑考虑。”

玛丽看到自己产品的这么多卖点都不能吸引杰克，灰心失望地走了。

深入分析

说“不”是那种不好对付的人所惯用的技法，似乎再谈下去也没有成功的机会。其实并不那么简单。当然，的确有一些人是真的需要考虑而在当场定不下来，但是大部分人压根儿就没打算订你的货，只是礼貌上随便说说而已。这样的话经常可以听到，你可要有点心理准备，既不抱太大的希望，也不能因为“不”而绝对放弃掉。

对方是真心真意还是假情假意，作为推销员必须弄清楚。会谈时，有的情况是越谈越深，也越接近成交的边缘；有的是对方态度暧昧，回答得含糊其词；也有的人干脆回答“不能订货”。对于真心诚意的客户要很高兴地继续谈下去，对于那些假心假意或干脆回答不订货的客户就不必按原来的计划谈下去了，应改变话题，以聊天为主。

当然，对说“不”的客户，推销员虽说要有坚忍不拔的精神，但也不能不知好赖或死皮赖脸。

正确做法

1. 记录和反省

第一次访问一结束，即将有关情况迅速地记录并整理成书面资料。这一次的书面资料应与第一次访问时的资料进行对照比较，将不同之处标出来。

另外，每次访问都必须认真地反省一下自己的态度、发言是否有不适当的地方，并在记录簿上用不同颜色的笔或者用比较大一点的字醒目地加以注释，以此拟订下一次访问的方案。

就是这样第三次、第四次……为取得交易上的成功，耐着性子继续访问下去。

2. 以漫谈为主

在与对方面谈过程中应以漫谈聊天为主，直到时机成熟能够顺利地进行商业谈判为止。每一次访问，对方对你是越来越亲密呢，还是越来越厌烦或敬而远之呢？这主要取决于对方是否对你的言行有好感，以及你是否在漫谈过程中让他听得津津有味。

漫谈过程中没有必要装腔作势或玩弄假惺惺的那一套，而是要预先准备一些有意义且新颖的话题，使对方觉得有趣，越听越爱听。

3. 针对问题作决定

“让您专程而来，可是还是不能订货，很遗憾。”这是去访问新客户时所遇到的最多的一种拒绝方式。

客户只要对原来的交易伙伴（供货厂商）不是特别不满，一般来说在对待第一次来访的其他公司推销员是不会给予令人满意的答复的。上述答复可以说是一种标准的回答方式，这样的客户是你沉住气专心努力地继续访问的理想对象。对此，可运用前面已介绍过的战略或战术。

> **顶尖诀窍**
>
> 客户说“不”的时候要仔细分辨，不要轻言放弃。

4. 设法争取下一次机会

一些不打算订货的客户有时对来访的推销员下逐客令，并表示希望他今后不要再来了。有的客户会直截了当地说：“不管您来几次也没用，我们不想订货，所以请以后不必再来了！”有的客户会比较婉转地说：“若要订货我会给您打电话的，在此之前请您不必劳驾空跑了。”

对于满腔热情的推销员来说，上述情况确实是一个沉重的打击。尽管如此，推销员如果垂头丧气、扭头就走可就不算高明了。“干脆另找门路嘛！何必在这儿受窝囊气”等想法也非上策，要知道别的客户也可能如此。请别着急，还是有办法的。

譬如，“您的一席话对我启发很大。生意方面的事情就此作罢，但请允许我能经常来向您请教”，借以取得自己下次再来的机会。此外还可以说：“我想不定期地向您汇报有关产业方面的情况，不知您现在意下如何呢？”

妙语点评

通过对客户的访问，你一定会学到不少的知识，酸甜苦辣都能尝到，尤其当你的热情遭遇到冷酷的“不”时，那种难受、受人冷落的感觉会如海水一样排山倒海而来。但是坚强的推销员不会被它吓倒，他会调动自己的感官和思维去判断“不”的准确含义，最后反败为胜。推销员也是在这样的过程中逐渐成熟起来的。

这样一来，对方是否可能把禁止你再来的话收回呢？只要继续访问就有做成买卖的机会，因为情况是不断变化的。

顶不住对手施加的压力

不要在推销中被对手控制，否则你将变成他手中的一张牌！

营销事典

查尔斯的公司和达来特公司正在洽谈一笔业务。查尔斯已经将对方的相关情况了解得八九不离十，对自己公司的这款电脑软件也充满了信心，因为它是同类软件中使用效果最好的一款。他相信自己的产品定能卖个好价钱。

当谈判进行到最后关头时，双方因价格不能达成一致，气氛一时有点紧张。就在这时，对方经理约克斯突然起身离去。查尔斯不知发生了什么事，心里只是祈祷这场生意千万别泡汤，这可是他接手以来一笔金额不菲的订单。

经理约克斯离开后，会议室里一时陷入了沉默。时间一分一秒过去了，对方的几位经理看上去神态自若，其中一位居然悠闲地品起了咖啡！

查尔斯有点坐不住了："请问约克斯先生干什么去了？"

几位经理一言不发，只是盯着他不言语。

查尔斯越来越紧张，就在这时，约克斯回来了。他站在对面，两眼直逼查尔斯："小伙子，如果我把这个问题处理得令你满意，那么我们就可以达成这笔交易了，不是吗？"

查尔斯下意识地点了一下头，立刻就明白自己输了：对方递过来的合同上，价格远远低于自己的预估价格！

深入分析

推销是双方意志的较量。

在推销中，对方总是想方设法向你施加压力，试图让你屈服，从而控制你。这时，表面上看你还是他的推销对手，实际上已经变成了他的俘虏！任何推销都是双方意志的考验，因此，顶住压力就是谈判成功的希望所在。在推销中，对方常常会想方设法向你施压，以使你屈服。一个在小小的压力下就“变形”的谈判者，甚至连推销的资格都没有。你也可以反过来向对手施压，使他向自己屈服。何时防守、何时进攻取决于你跟对手的力量对比。

在某种程度上，压力与对压力的抵御都是有好处的。对方总是会不断地对我们施加压力，对我们和我们的布局进行试探。通过对我们所说的东西表示抵御，通过对我们施加压力，他们在澄清思路的同时又进行了试探。推销者的重要任务就是确定对方的真正意图所在，然后使用同样的手法，向对方施加压力，这样至少可以获得对方的一个反馈信号。

在推销开始时体验到最恶劣的压力乃是漠不关心，推销者总是认为最难对付的人是那种什么都不想知道的人。他对你所说的任何事情都很迟钝，满足于既得之物，因而没有什么能改变他的想法，你必须让他看出问题，才能使他走出一步。

正确做法

1. 蚕食对手的优势

一般来说，人们比较喜欢运用两种推销手段的策略。即先建立原则架构，以便整理思路，再确认双方共同重视的课题。就这一点来说，我们倾向支持以蚕食策略为基础的推销，理由有：

> **顶尖诀窍**
>
> 坚守阵地，不要轻易退却，这才是赢家的风范。

（1）人们比较喜欢逐渐获得满足、最后大功告成的程序。

（2）蚕食政策可以暴露个人的性格以及不同需求的主次关系。

（3）在倾听对方陈述的过程中，可以想办法发现对方权力范围的弱点。

（4）在逐项讨论之中，可以允许一个人以高姿态从容撤退，同时，也能满足上级对他的期望。

在正式的协议未签之前什么都不算数。即使是原则上同意也不代表细节会过关，反之亦然。有的人在大处无分歧时就以为推销已经成功了，事实上只要有一个细节没注意到，说不定就会空欢喜一场。在推销中，各环节的相加并不等于整体。在最终敲定之前，仍有功亏一篑的可能。

蚕食推销的基础是逐步确立双方的利益，培养大家对整个事件的共识，了解对方的需求和优先顺序。这样一步一步地进行，逐步发现和解决双方都想回避的危险区域。如果材料准备得很周全，双方的差距不是很大的时候，用这种推销策略极易收效。

2. 守住自己的阵地

抵御压力的方法有很多，最有效的一种是守住自己在谈判中的立场，无论如何不动摇、不妥协、不屈服！

如果你已知道对方要对你的建议提出强烈的反对意见，你应该遵循一种基本原则：在你自己的提议中先把这个问题提出。

你可以用反问式问题来初步探查对方为什么抵御。比如说："您为什么要这样说？"或者"您心中的念头究竟是什么"？提出这些问题的目的是探查在对方的抵御后面隐藏着的动机。比如有可能存在某些误解，一旦你要求双方重新阐明立场，这些误解就有可能澄清。对方也可能是仅仅找一个借口，而回避答复真正存异之处。这可能是因为他不希望暴露真正的反对意见，因而顾左右而言他。所以，推销者应该总是对准对方真正的反对意见，通过提出反问式的问题来逐步把它们揭示出来。绝不要围着那个借口和托词兜圈子，因为一种托词往往会变成另外一种托词。

妙语点评

不管对手向你施加的压力有多大，也别心甘情愿地屈服！

在推销过程中，交易双方总是在互相考验对方、试探对方，尽管这可能是心平气和的。他们会互相探试对方的正直、对方的诚实、对方的技巧、对方的实力，以此来寻找对方的弱点，这种考验或试探具有极大的灵活性。不要惧怕对方施加的压力，以退为进，继续攻克这个堡垒。

3. 以退为进

推销如同打仗一样，谈判桌上虽然没像战场那样刺刀见红、互相残杀，但亦是互相交锋、争斗激烈。有时要坚持继续谈下去，有时则要暂时休会下次再谈，有时要据理力争、讨价还价，有时需要暂时退却、伺机而进。商战如同兵战，谈判桌上战术技巧的灵活选择和娴熟运用，全凭推销员的经验与智慧。

“退一步，进两步”，以退为进是谈判桌上常用的一个制胜策略和技巧。

4. 把底线当防线

在推销中，推销双方都有自己的交易底线。如买方只肯出多少钱，这价目就是他的底线。而卖方必须至少多少钱才肯卖，这个数目也就是他的底线。

在推销中，交易底线策略是适用的。它是一种简单而有效且符合道德规范的方法。有经验的买主正确使用这一策略，会使交易双方都受益。

不会利用售后服务

售后服务中存在着更大的商机。

营销事典

有一位推销罐头食品的推销员，工作模式简单而机械，就像被设置了固定程序的机器人。每天出门时，他的手中总是拿着一本订货簿，见了人就会说相同的一句话："店主先生，今天你要多少箱？"如果运气好，正赶上对方缺货，他就会为推销出几箱罐头而高兴一整天。然而大多数情况下，他不是遭到拒绝，就是被人家不冷不热地晾在一边。这时他就不尴不尬地待在一旁，找个没人注意的机会灰溜溜地走开。因为没有一点服务意识，结果他的订单常常被人抢走。

售后服务的绝大部分工作是与客户联络感情。由交易而发生的人际关系往往比较自然、融洽，客户常常因为买东西而与卖方交上朋友，销售人员与销售机构经常会因为与客户的交易而结下深厚的友谊。于是，客户不但成为商品的受用者，也变成了销售机构的拥护者和销售人员的好朋友。

有经验的推销员会利用售后服务作连锁销售。老客户可以成为企业及销售人员的义务传播者。销售人员以真诚和热情打动客户后，客户往往愿意作一些热情的连锁介绍，这些由客户口头道出的“情报”往往具有更大的价值。因此，在开展售后服务的各种场合，除了要以售后服务的热忱让客户感觉有所便利外，应该与其探讨一些有利于连锁销售的情报。或者借售后服务的机会请客户在某一路线、某一范围内打听有价值的消息。通过这种方式获取情报应适可而止，以免引起对方的戒心和反感，并尽可能不要给客户增添麻烦。

正确做法

一位真正想为客户而工作的推销员绝不会像案例中的推销员那样。他会认真去分析每位店主和他的商店的情况，还会去研究其附近地区的情形，从而了解该地区一般家庭的状况。因为他知道，如果当地一般家庭只能买5元一瓶的罐头，那么向他们推销6元一瓶的罐头是没有用的。此外，他还应进一步研究附近居民的籍贯及来源，如果其中四川人比较多，那么在这个地区销售麻辣风味的罐头食品就会适销对路。

这位推销员还可以向店主讲解有关其

深入分析

也许你已经完成了整个推销程序，到了客户即将签约的时候了。到了这个时候，这个客户可以说是已经被你说服了。但是，在此仍然想提醒你的就是一次真正的销售是永远不会真正结束的。一百多年前，有一位意大利的爱国志士马志尼曾经说过：“胜利的明天要比胜利的前夜更为艰险。”当你获得一张签了字的订货单，这不过是表示你完成了推销的初步工作而已。从此以后，你公司中处理这笔交易的人员不论是你自己，还是一位助理业务员，还是一位修理师，还要开始一个冗长的连续性的推销，他们需要的时间不会比你和这一客户谈生意时所需的时间少。

产品的推销要点，比如，告诉他如何才能使他的店面更能吸引客户。这样，他才是一位真正为客户服务的推销员。

一位成功的推销员就要能够留住自己的客户，要时时刻刻记住：留住一个老客户要比去物色两个新客户好得多。

仅以寻找客户的消极做法已消化不了大量生产的商品，我们应该积极地创造客户。换句话说，就是要积极地接洽原先并不想买的人，通过有条不紊的说明其对商品的需要性，而使他们都掀起购买的欲望，从而主动地订购商品。

因此，推销员在推销以前必须先行探查客户潜在的购买欲望，更以广告等方式诱导其对商品的需求，进而经由最经济、最有效的销售途径，以最适当的价格，运用推销推广方法推动有组织的销售活动。

不是寻找客户，而是创造客户，这才是现代推销的基本观念。

用你的心去发现对方的优点并真诚地称赞对方。运用你的智能去发现你们之间的共同爱好，没有什么能比谈爱好更轻松的了。销售工作虽然是一项非常辛苦的工作，但我相信你有很多的爱好，如果你没有爱好，不妨花点时间去学习，因为这是人与人之间交流的话题。

顶尖诀窍

优秀推销员都认同“为客户而工作”的理念。

如果你知道客户的爱好但自己却不会，那你不妨说：“我非常喜欢钓鱼，如果我现在开始学，您能告诉我应该准备哪些器材吗？”轻松的话题就此打开。下班后去书店买一本钓鱼的书，周末找时间约上你的客户，帮你选购器材，一起钓鱼去——因为你也需要放松，换一种方式有什么不好呢？

如果你们之间已经开始产生了共同的话题，再用点心思，询问到他的生日、家庭住址以及小孩儿上学的学校，下面怎么做就不用再说了，因为你把他当成朋友，他也一样会把你当成朋友。

妙语点评

你把客户当成朋友，他也一样会把你当成朋友。在推销以前必须先行探查客户潜在的购买欲望以及他在交易中的各种要求，在不影响自己推销目标的前提下，应尽量满足对方的要求。有时候，如果客户的要求很合理，那么你也有必要为了客户而修改你的推销目标。

几年前弗兰克曾买了所大房子，房子虽说不错，可毕竟是一大笔钱，以至于付款后总有一种买贵了的感觉。就在全家搬进新居两三个星期之后，卖给他房子的房产商打来电话说要来拜访。弗兰克不禁有些奇怪。

一天早上，房产商果然来了。一进屋就祝贺弗兰克选择了一所好房子。之后他又和弗兰克聊起天来，给弗兰克讲了许多当地的小典故。他带着弗兰克围着房子转了几圈，把其他房子指给弗兰克看，说明弗兰克的房子如何与众不同。他还告诉弗兰克附近有几个住户很有名气。这一番话让弗兰克疑虑顿消、豪情满怀。此时，这位房产商表现出的热情甚至超过卖房的时候。

房产商的热情造访让弗兰克大受感动，一颗不安的心也平静下来。弗兰克确信自己买对了房子，感到很开心，从此他们成了好朋友。

房产商用了整整一个上午的时间来拜访弗兰克，却没有利用这段时间去寻觅新的客户。他这么做吃亏了吗？不。一周之后，弗兰克的一位朋友对弗兰克房子旁边的一座房子产生了兴趣，弗兰克便介绍他去找那位房产商。最后，弗兰克的朋友虽然没有买那座房子，却从那个房产商处买了更好的房子。

不能开发新市场

勇于开发新市场，你的营销生涯才更有活力。

营销事典

“迈克尔，我一直在努力，前几个月业绩也不断上升，为什么我这个月的业绩怎么也提不上去了呢？是不是我们的市场已经达到饱和了呢？”

“杰克逊，你总是围着你的那些老客户转，你应该想一想开发新市场。其实，从我们以前的销售情况来看，我们的产品还是非常有潜力的，也是很受顾客欢迎的。市场是很广阔的，我们的产品还有待推销员去广泛开发市场。”

一个推销新手工作了一段时间后，因找不到客户，自认为干不下去了，便向经理提出辞职。经理问：“你为什么要辞职呢？”他坦白地回答：“我找不到客户，业绩很差，只好辞职。”经理把他拉到面对大街的窗口，指着大街问他：“你看到了什么？”推销员回答：“人啊！”“除此之外呢？你再看一看。”“还是人啊。”经理说：“在人群中，你难道没有看出很多的准客户吗？”推销员恍然大悟，马上收回了辞呈。

记住，市场是你开发出来的，而不是原本就存在的。

正确做法

成功开发新市场是营销人员的天职。那么，作为一个营销人员，应该如何去开发新市场呢？

1. 有信心

营销人员开发新市场首先要有信心，有信心不见得会成功，但没信心一定输到底。如果没有信心，本来进行了充分的准备，在和客户交谈时却会出现因为心理因素而表达不足，以致谈判失败。

开发新市场要面临很多的失意和挫折。推销员在开发新市场的过程中遇到的拒绝和难堪或许要超过任何一个行业，因此，要想成功开发新市场，首先必须坚定信心。

深入分析

新市场、新客户的开发是每个营销人员都必须面临和解决的现实问题。新市场开发的成效与质量的好坏，对一个企业的成长及营销人员的个人提升至关重要。对于一些成长中的企业来说，新市场开发的多寡与好坏更是衡量营销人员个人能力的唯一标准，可见新市场开发的重要性。

2. 作好充足的准备

推销员所面临的困难很多，在开发新市场前，要让自己作好充足的准备，这包括物质上的和精神上的。甚至可以将你接下来的工作想象成炼狱，你去接受挑战，然后当你真正面临困难时就不会慌了手脚。

曾经见过这样的开发新市场的营销人员，经销商问其相关系列产品的价格、政策，推销员竟然给忘记了，并当场翻起了笔记本查看，让人大跌眼镜。很难想象这样的营销人员能够成功开发新市场。

顶尖诀窍

只要你能献出你的爱心，你的营销一定会成功的。

成功的营销人员在开发新市场以前，一定要弄清公司的发展历史、产业结构、产品价格、营销政策等。带齐所需的资料、名片、样品等，并要熟记在心，知道什么时候该去进行哪一项工作。

3. 要细心

一个推销员还应该有一颗细腻的心，也就是能够从一些细微的现象中发现突破口。

4. 有恒心

人贵有恒，开发新市场就必须有一颗坚忍不拔的恒心。

开发新市场要面对很多的新情况、新问题，对此，推销员应该有持久的恒心。开发新市场，就像打一场新战役，比拼的不仅是企业的实力和规模，有时比得更多的是推销员的恒心与毅力。

妙语点评

新市场的开发是一个艰苦的心智历程，它体现了一个营销人员的综合素质，展示了一个推销员良好的精神风貌及业务水准。因此，新市场的开发需要实现自我，需要“心”的付出、汗的挥洒，然后才能有“新”的收获，开发出“新”的人生。

开发新市场时，只有我们具备了打苦仗、打硬仗的恒心，才能运筹帷幄、决胜千里之外。

5. 有一颗善良的心

开发新市场，面对新客户，我们首先要有一颗诚心，要以诚相待。诚心能够缩短你与新客户之间的心理距离，能够架起你与客户相互沟通的桥梁，促使谈判、合作成功。还要有爱心。

营销事业是一种爱心事业，开发新市场时，我们同样要抱着一颗爱心。开发新市场不是去“求”客户，而是去“救”客户，营销人员就是“上帝”，我们要传播爱心，爱自己、爱客户、爱分销商、爱消费者，我们通过我们的智慧与策略，为公司创造效益，为经销商创造财富，为消费者创造满意。

忽略老客户

巩固老客户比开发新客户更难，所以一定不要忽略你的老客户。

营销事典

一天，弗兰克突然想算算买过多少辆汽车。结果是13辆，这让弗兰克大吃一惊。

这些汽车分别由13个推销员卖给弗兰克的。让弗兰克奇怪的是，这13个人中没有1个人再和他联系过，他们在卖车时都大献殷勤，可把车钱拿到手后，就像变成空气消失了一样。

这是否有点不正常？弗兰克向周围的人问过，他们大多数也有这样的感觉。

深入分析

你费尽心思将潜在客户转化为新客户，再将新客户转化成老客户。但同时别的推销员也在拉拢你的老客户，如果你和老客户的关系处理不好，极有可能给他人以可乘之机。

你可能听过80 ∶ 20法则。这个法则用在客户上，就是80%的业绩是借助于

20% 的客户，20% 的业绩来自于 80% 的客户。而这又可以理解为 80% 的业绩来自于老客户的重复购买和推介，20% 的业绩来自于自己新开发的客户。无论你从事哪种行业，你只要能够找到完成你 80% 业务量的 20% 客户，你就成功了。这就是为什么有的推销高手总是那么轻松的原因，他们每天的工作就是利用电话联系联系老客户就可以完成了。

正确做法

虽然所有的推销员最感兴趣的都是发展新客户，但你绝不能忽视现有的客户。与开发新客户相比，维持老客户付出的时间和精力更少、更合算。

有经验的推销人员在稳定的老客户身上能实现大部分的销售额，因此，每个推销员都需要老客户。但许多人想当然地认为老客户就是自己的客户，这不对，因为你在寻找新客户时，竞争者也同样在这样做。而且作为竞争者，你同样会想尽办法挖走对方的客户。所以，你要想方设法提供比竞争对手更好的服务留住老客户。

最好的潜在客户就是目前的客户，如果你一直坚持这种想法，就一定会与客户建立起长期关系。

那么，如何搞好与老客户的关系呢？

1. 与老客户进行互动的信息交流

顶尖诀窍

留住老客户并不比开发新客户容易。

很多时候，由于你的社交圈子和客户不一样，你所接触的业务圈子很可能和你的客户是一种竞争关系或共同拥有市场的关系，你收集到的很多信息也就有可能对你的客户有价值，所以不妨将这些有价值的信息（当然非其他企业的机密，而是市场上你发现的现象）与你的客户进行交流；同样，客户也会给你介绍他所碰到的一些情况。

如果你精力集中在与老客户保持关系上，你的客户将会给你带来一些推荐。事实上这是经常发生的事情，一个成熟的推销员必须这么做。这种推荐客户的成功率非常高，甚至超出你的想象。

例如，在零售行业，由于你经常和零售商打交道，你有很多的机会获得各种各样的信息，而这些信息对你的零售商客户来说又是非常有价值的，你提供的信息会让你的客户感到你在真正关心他们，甚至由于你是专业的推销员，你可以利用你的专业技能为你的客户提供新的思路。例如你发现了市场上有一种产品正在开拓本地市场，你也知道这个产品在其他地方取得了很好的成绩，因此你可以将这条信息反馈给你的零售商或批发商，他们一定会感激你给他们提供这样有价值的信息。

妙语点评

每次客户完成购买时，他们的满意和不满意程度会各不相同。如果满意，那么可想而知，在将来有新的需求的时候，他们会回来找你。但如果不满意，那么下次的购买将另找他人。如何知道客户满意呢？方法之一就是在交易完成之后立即提供相应的售后服务。因为即使已经结束购买，客户仍在考虑自己的决策是否正确。

2. 表达出你的感激之情

不管是在交易结束还是在老客户帮你介绍新客户时，你随后要做的最重要的一件事就是真诚地表达“谢谢您”。这不应该只是口头上的表达。你的道谢应该附上邮件或手写的小卡片，如果可能的话，一个小礼物更好。这个礼物不用太贵，应该小而实用，是和你的生意有关但不是做广告的东西。所以建议你随时注意一些可以当小礼物的物品，多准备一些放在手边，以便随时可以送给他们。

你应适当地利用公司的礼品和公司提供的其他便利条件，搞好客户与你的关系。在很多种情况下，不排除你利用自己的能力去解决与客户的交往问题。

3. 随时关注客户的情况

从现在开始，你应该对老客户有一个新的认识，你需要定期了解老客户的情况，密切关注竞争对手的行为。如竞争对手正以什么方法和你的客户接触？客户的需求是否需要调整？是否还有其他的业务机会？

| 第七章 |

在电话营销中最可能犯的错误

与客户初步沟通时缺乏信心

你掌握的有关电话营销的最重要的工具，就是你的自信心。

营销事典

“喂？”

“您好，嗯，我是××报社的。嗯，有一件事，不知道您是否可以帮我一下，我想找一下你们主管。就是说我们报社……”

“你找谁呀？”

“我找……是这样，我们报社最新推出了，知道吧，就是一个优惠广告栏目，就是……（很长时间的停顿）你在其他报社花一大笔钱做广告，在我们报社只花一半就行……嗯……”

“你找谁呀？”

“我……是这样……”

深入分析

一个推销员可能是一个极好的正面交易员，但为什么在打电话时却表现得不堪一击呢？其实，每个业务员在打电话之前和打电话的过程中，都应以优势心理看待推销中不可缺少的一步——电话业务。不自信、胆怯、顾虑都是完全不必要而且无益的，因为电话业务具有独一无二的使你信心倍增的环境。

一些推销员的失败，不是因为不能推销，而是因为害怕拿起电话——缺乏自信。自信是最重要的，这种自信来源于对自己的公司与产品的肯定，也是对自己的信任。

正确做法

在与目标客户沟通前，要有充分的准备。只有你作好充足的准备时，才可以顺利地找到拍板人。在一切准备妥当的情况下，你还有什么值得顾虑、胆怯的呢？

对初次进入电话营销行业的业务员来说，要做到以下几点：

1. 心态的自我调整和心理建设

经过短暂的实践后，电话营销人员都会碰到一些普遍现象，如内心极度害怕被拒绝而产生恐惧，并极想逃避被拒绝的心理和生理上的不舒服感；感觉失败的电话太多、成功的电话太少等。

调整的方式有如下几点：

（1）代换模拟。代换摸拟即我们常说的换位思考。如客户可能在什么情况下接你的电话？是心情愉快，还是被老板批评后心情沮丧，还是在紧张的工作中？客户的回答是在什么情况下作出的？可信程度如何？

（2）以德报怨。不论客户态度如何，结束电话时，都要用热情的语气说："谢谢，祝您工作愉快，再见！"其实这句话同样也是对自己说的。碰到粗暴的客户挂断电话时，你不妨这样想：与其与这样希望不太大的客户打交道，还不如早点挂了，把积蓄的工作热情投放到下一个客户电话上，或许就可以成功了。

（3）穿越雷区，蓦然回首，由量变到质变。经过一段时间的电话营销后，统计一下成功率，你会发现原来自己也进步了不少，应付客户不再像开始那样手足无措了，已经能和客户从容沟通了，对粗暴电话也有点免疫力了。你会变被动为主动，并对未来充满信心！

> **顶尖诀窍**
>
> 该表现的时候也要表现，好酒也怕巷子深啊！

2. 掌握自己的电话数量和质量

（1）要统计自己每天打出多少个陌生电话。（打陌生电话是对自己的挑战，打得越多，你的能力和信心就会越高。)

（2）电话跟踪记录是否详尽、有效。你打每一个电话时，应尽可能多地了解客户的基本情况。不要直接提问，要通过对一个轻松话题进行闲聊，抽丝剥茧地一点点引出来。你与客户聊得越多，获得的也越多，这也是成功的基础。（通过对客户资料的分析，可以选择正确的方式方法去沟通客户，提高成功营销的几率。）

（3）注重每天的电话成功率，看看每天有多少电话是成功的，是不是每天都有进步。要对每个电话的成功之处与失败之处进行分析，只有深入分析，才能逐步提高；只有逐步提高，才能积累经验、积累客户、积累成功！

（4）检验接通的电话是否能够充分挖掘和建立良好的客户关系。通过电话能否约到客户，能否让客户对你、对你的公司、对公司的产品产生兴趣、留下印象并期待下次见面。这是与客户建立良好关系的前提。如果第一个电话没能让客户产生兴趣，那么以后的电话与见面就是骚扰了。这一步也是电话营销的一个质的飞跃。

3. 打电话的一般步骤

（1）准备：事先对电话客户有所了解，再根据简单的印象设计电话底稿，准备提出的问题，并准备如何应对客户可能提出的问题、整个访问要达到什么目的、最低标准是什么，等等。

（2）自我介绍：语速不要太快，语气要热情，咬字要清晰。语句中要透出自信，带有一点神秘，以便尽快吸引对方的注意力。

（3）公司介绍：重点介绍公司的销售亮点，如“××商会的网站就是我们公司做的”等。销售什么产品，就把该产品在知名企业或单位的应用案例拿来阐述，借名牌效应来烘托公司声誉。

（4）业务介绍：因为客户一般都有从众心理，我们就可借用“羊群原理”来引导客户。牧人放牧时，不需赶所有的羊，只要盯住几只领头的羊就可以了。我们做产品营销，也要用大的有影响力的企业案例来引导客户走上信息之路。例如：“天龙公司都用速达软件来管理了，你还等什么呢？”如果没有显赫案例，则可借用共同点来暗示，如“新时公司都开始用软件了，且效益非常明显，你们为什么不用呢？”只说用软件，不必提用什么软件，让客户自己去联想。

（5）提出要求：要单刀直入，让客户没有回旋余地，如：“这样吧，根据您刚才谈的，我头脑里已经有了个大概印象，我先作方案，您再修改一下，这样就好了。您看我什么时候送方案比较合适呢？”

（6）强调利益：把客户公司利益和个人利益都兼顾到，让客户感到放心。

（7）确认时间：一定要给出确定的时间，问对方“您觉得如何”，而不是先要求对方来确定时间，并且尽量不要定含糊时间，如“过几天再说”等。

（8）切忌说的几种问话：“您有空吗？”“您有兴趣吗？”“您需要吗？”等。一来这几种问话都会导致谈话很快结束，只要回答“不”，谈话就进行不下去了。二来你在交谈中应判断上述问题的确切答案，要让客户自己来考虑这些问题。

（9）促成成交的语言：例如：“您看后

妙语点评

在与准客户的代言人通电话的时候，不能有半点的不耐烦，因为他们并不了解你与你的产品，也不了解你的服务，对你的冷淡态度只是自然的反应。你只要表现出你的自信，虽然你的客户看不见，但他却能感觉到。

面的实施细节如何进行呢？”“要在这星期把事情定下来，您认为我还需要做点什么？”“对您而言，择日不如撞日，今天就是最佳时机，您看如何？”

（10）利用诱因：如数量不多、优惠限时等，如“正好这个月是速达财务软件促销月，现在买可以便宜 15% 呢，而且也没几天了，要抓紧时间购买”。

打错电话时反应迟钝

打错电话？何不将计就计，柳暗花明又一村嘛！

营销事典

同样是打错了电话，但处理方法不一样则会有不同的结果。请看下面两个例子。

失败范例：

“您好！迈克斯先生。周六去滑雪您没有忘记吧！我需要跟您确认一下，免得您工作太忙忘记了。周六早上我们在 ×× 车站等您，请您按时到达。另外……”

“哦，您打错电话了！”

“错了？”

“嘟——嘟——嘟——”（对方已挂断了电话。）

成功范例：

“您好！迈克斯先生，我是 ×× 俱乐部的杰琳达。”

“您好！”

“周六去滑雪的活动您没有忘记吧！我需要跟您确认一下，免得您工作太忙忘记了。周六早上我们在 ×× 车站等您，好吗？”

“哦！您可能是打错了吧，我记得周六是有个活动，不过不是滑雪，您是哪个俱乐部？”

“我是 ×× 俱乐部的杰琳达。您不是迈克斯先生吗？您的电话是 139××××××××。”

“啊，错了。我的电话是 139××××××××。”

“哦，真对不起，先生。我刚才不小心拨错了一个号码，耽误了您这么多时间，还差点儿让您上错车跟我们去滑雪了。”

“是啊，小姐。差点儿让我掉雪堆里去了。”

“不过，既然是我工作失误，差点儿耽误了您的事情，我可不可以邀请您有时间跟我们俱乐部一起度个周末呢？”

“听起来是个不错的主意。你们俱乐部是做什么的呢？”

“我们俱乐部是一个拥有房车的俱乐部。我们经常组织一些会员和对房车感兴趣的人进行度假和周末体验活动。俱乐部在这个周六举办的是房车体验旅行，时间确定在周六早 9 点出发，集合地点是 ×× 车站前。现在已有很多人参加了。如果您有时间，欢迎您一起去。迈克斯先生，对了，您的名字是叫迈克斯吗？我是不是称呼错了？”

“没有关系，我叫查尔斯。”

“查尔斯先生，真抱歉，一直把您当迈

深入分析

接通电话以后的开场白已经决定了通话的基调。接通后的第一句话最关键，可以说这句话决定了通话的成败。在问候结束后，你可稍微停顿一下，看看客户的反应，或者等客户开口。失败范例中，推销员拿起电话直奔主题，甚至忘了确认一下对方是否是自己要找的人，结果被人家挂断了电话。

> **顶尖诀窍**
>
> “人非圣贤，孰能无过？”何不将错就错呢？

克斯先生了。您要是感兴趣，我可以帮您安排，或者选择周日或下周都可以，我们在每周都会举办一些活动。”

“我记得周六我安排了事情，不过你们的房车旅行还是很有意思的，是电影中那种房车吗？”

“是的，您可以找时间参加我们的活动来亲自体验一下，或者我给您传真一些资料。我可以帮您安排，免得耽误您的时间。”

“那麻烦你帮我安排一下下周跟你们活动吧。”

“好的，查尔斯先生，我已经记下了您的电话了，我一定帮您安排好。下周我还是这个时间给您打电话，好吗？”

“好！可以，或者打到我的办公室××××××××。”

“好的，一定！您也记一下我的电话，如果您还有什么需要我安排的可以随时跟我联系，我的电话是××××××××。不多打搅您了，耽误您这么长时间，祝您周末愉快！再见！”

“好的！再见！”

成功范例中的杰琳达接通电话后先有意识地聆听对方的反应，因为对方在听明白你要找谁、有什么事后就能反应过来你是否打错电话了，这样即便得知你是打错电话了也会予以谅解，不至于只说一句“打错了”就挂断电话。

正确做法

拿起电话联系客户时，首先要给予接听方充分的尊重：礼貌的寒暄、适当的停顿、亲切的问候等，同时，要聆听接听人的反应。一定要先报出公司名称。而很多人打电话，开口第一句便是“喂”

或自报姓名。商业电话的第一句话应自报公司名称或所属部门，然后再报出自己的姓名，确认接电话的人是否是自己要找的人。与客户接通电话后，再次热情地问候“您好”，最好重复两次以上，以建立亲和力。

在电话营销中，销售员拨错电话号码的事并不少见。每天要拨几十个甚至上百个电话，出现错误也是在所难免的事，关键是拨错电话号码以后怎么办。

发现打错电话时，反应要快，并可顺势询问相关事宜，很有可能就又发现一个潜在的客户呢！

要知道，有时候打错电话获取的信息会带给你重大的发现。另外，你对准客户了解得越多，你的应变能力就越强。因此，在你意识到打错电话后，不要慌乱，更不要发呆或反问对方：“错了？”这样对方会因为你的这种反问而更加生出一种不耐烦——大多数人会懒于多作解释，毕竟一个错误的电话已经占用了人家不少时间，耽误了人家手头正在进行的工作。

一旦发现打错了电话，推销员首先反应要快，其次不能乱了自己的阵脚，要能随机应变或是“以不变应万变”，因为慌乱只会让一个潜在的客户从自己手里溜走。除了案例中所说的，还可以有以下几种情形：

妙语点评

打错电话并不可怕，可怕的是不能灵活应对这种尴尬的局面。毕竟人人都有犯错的时候，打错电话不仅是做电话营销的推销员会犯的错误，普通人也同样存在。但两者还是有所不同，因为对推销员来说，每一个电话都是一个极佳的业务机会，当然不能像普通人打错电话后一句“错了”或“对不起”就了事，而应该抓住每一个难得的机会，这样，你的销售生涯才会长久，你的业绩才能够有所提高。

对方先说："喂，我是……"

听到对方报出的姓，推销员如果慌乱地想要确认："不是迈克斯先生吗？"

对方必定会回答："你找谁？"

于是就会以下面的对话结束通话。

销售员说："我找迈克斯先生。"

对方说："打错了。"便挂断了电话。

因此，在你意识到打错电话后，不要慌乱中多余地去确认："不是迈克斯先生吗？"你可以这样回答：

"是查尔斯先生啊，我是 ×× 公司的……"

此时关键的是推销员不要显露出错误，沉着冷静地去应付才是上策。

准客户既然已经接了电话，即使打错了，也必须积极地利用这种机会，到后来说不准会"无心插柳柳成荫"呢。

明白了这一点后做起来就非常简单了。作为一名推销员，如果没有这种心理准备，是不能很好地进行推销工作的。

不过在有的情况下，对方只说一声"喂"，而未报出姓名。

这是因为他们每天会接到很多推销的电话，所以大多数人从一开始就怀有戒心，要等对方先报出姓名。

此时当然应由推销员开始确认："是迈克斯先生吗？"

准客户回答："不，是查尔斯。"

知道打错后可以这样说："真对不起，本来要给迈克斯先生打电话的……是这样的，我是 ×× 公司的……"

总之，不管怎样，重要的一点就是你不要乱了自己的阵脚，慌乱应对事情的结果是于事无补的，相反，只会让对方看不起你、讨厌你。

仅凭声音便断定接线人的身份

如同不要以貌取人一样，电话营销中不要凭声断人。

营销事典

一位物业管理员在网站上发现一个想租写字楼的××广告公司，这种机会通常是稍纵即逝的。按网上标的联系方式，他迫不及待地拨通了电话。

“您好，××广告公司！”一个年轻女子说。

“是，我知道，请你们的经理接电话。”

“您是谁？先生，您有什么问题？”

“有什么问题？”

“是啊，您有什么问题？”

“行了小姐，别搅和了，时间可能来不及了，我是××公司的，给我接你们经理。”

“我就是经理。”

深入分析

在打电话时，我们要注意与接线人的关系，案例中这样的开始必须杜绝。接通后，我们基本上不知道是跟谁讲话，如果仅凭主观臆想，乱下断言，就会给接线人留下无知、无礼、傲慢、歧视的印象，那就太危险了。一旦有了不良印象，再想进一步谈业务何其难！

正确做法

顶尖诀窍

电话中永远要保持应有的礼节！

电话营销中，你的声音和态度会给客户留下各种各样的印象，这印象包括创新的印象、正面的印象、专业的印象等。放下电话后，他们会怎么描述你呢？你随时都在留印象给他人，有时候肤浅，有时候深刻鲜明；有时候是好的，有时候却未必。你可以选择你想留给别人的印象，归根结底，你对自己给他人留下的印象必须负责。

在打电话时，要做到以下几点：

1. 简单明了、语意清楚

通话过程中要注意做到简单明了，尽量将语意表达清楚。说话时含含糊糊、口齿不清楚，很容易让通话对象感到不耐烦。尤其需要注意的是，不要在通话的同时嘴里含着食物或其他东西。

妙语点评

生活中我们容易犯的错误是以貌取人，已经有无数例子告诉我们这样做是错误的。而在电话里以声断人，这同样是一种愚蠢的做法。你永远不会知晓电话的另一端是什么样的人在讲话，一定要保持礼节。因为你的语气是平和还是无礼，对方肯定能感觉到！

2. 勿因人而改变通话语气

不要因为对方身份的改变而改变通话语气，应该自始至终使用亲切平和的声音平等地对待客户。如果客户听到声音发生明显转变，心里很容易产生反感，从而认为打电话的人非常势利，没有教养。

3. 说话速度恰当，语调抑扬顿挫、流畅

通话过程中要始终注意谈吐得当，力求三思而后言。说话时速度要适当，不可太

快，这样不但可以让对方听清楚你所说的每一句话，还可以帮助你自我警醒，避免出现说错话而没及时发现错误的情况。另外，说话的语调尽量做到抑扬顿挫和流畅，给人舒服的感觉。

打电话礼仪是商务礼仪的基本功之一，包括通话时间、通话长度、通话内容、通话过程等内容。此外，打电话时还应该注意方方面面的细节，如说话声音、表达方式、接听技巧等各个细节。只有掌握了打电话的基本礼节，才有利于提高你的推销业绩，为你带来更多的订单。

不能正确对待外行接线人

对你的接线人永远保持应有的尊重，才是你走向成功电话营销的第一步。

营销事典

“喂，你好！”

“喂！什么事啊？”

“我想找一下你们总经理！”

“总经理！总经理刚走，什么事？”

“我是××电脑公司，我们公司有一批最新设计的CPU（中央处理器）……”

“什么？”

“就是各种中央处理器，什么型号的都有，想跟你们经理接洽一下。”

“我们这儿不要，你打其他的公司吧！”

“我说的是CPU……”

“什么CPU……”

“请你叫一下负责的人，我跟他谈吧！”

“那你给他们打电话呗。”

“嘟——嘟——嘟——”接线人已挂断电话。

深入分析

跟外行人通电话，往往如对牛弹琴，对方根本就不知道你在说什么。为了节省时间，你恨不得把接线人赶走。其实，一些公司是专门采取了措施，训练专职接线员对电话做过滤工作。电话接线员对各类电话进行判断，推掉与本公司无关的电话，只把那些有价值的资讯记录下来，归类呈报或转接给决策人。但接线员未必都是懂行人。即使你觉得和接线人通话纯粹是浪费时间，也要记住：要给接线人充分的尊重，千万不要让他产生被忽视的感觉。这种感觉一经产生，修养不高的人会马上还以颜色。

电话中喜欢抢速度的人可能出现下面的恶果：

（1）接线人感到你不尊重他；

（2）接线人得到的信息量越大，对你的逆反心理就越强；

（3）接线人认为你很轻浮、自以为是，是个没品位的人；

（4）接线人会以为你是一个草率行事的马大哈；

（5）接线人认为你很容易洞察他的意图，从而产生防备心理。

正确做法

电话营销中遇到接线人非主管又不懂行时，可以试着把要表述的内容简单明了地表达出来，比如上面的案例中，可以这样说："您好，我是 ×× 电脑公司的，我们有一批 ×× 型电脑的 CPU，想找公司的负责人接洽一下。劳驾您告诉我他的电话号码是多少，我记一下，好吗？"这样，如果接线人对其中具体问题或细节感兴趣的话，那么让他提出来，而不要絮絮叨叨地解释。

顶尖诀窍

"小学生原则"永不过时，尤其是在发展人与人的关系中。

同时，在打电话的时候不要透露太多的信息，否则会很被动。应该他们问什么才答什么；给他们最简短的答案，然后反问他们。要把握住关键：总是反问他们的问题，所以他们得给你一个答案，而不是一个问题接一个问题地来问你。

面对被挂断的电话，你可能会埋怨他不想听、不愿听甚至不会听你的电话。但是你要知道，面对信息，人们处理时都有一个原则：信息源自关系。你愿意接受某个信息与信息本身无关，而与传达者的可信度有关。有人往往以为，要在短时间里向接线人输送大量信息，非伶牙俐齿、快人快语不可。当然，应变时你应该追求唇枪舌剑，但这绝不适合电话业务。

在没给接线人足够的安全感时，你说多少可能都不会起到太大的作用。应该牢记：你给对方的依赖感有多大，你提供的信息价值就有多大。

不要给接线人留下不好的印象。提高你的谈话质量，并不在于你谈什么，而是怎么谈。谈话时要从建立关系入手。

妙语点评

只需一句简单明了的话，既让接线人的虚荣心得到了满足，也省去了你不少麻烦。不要因为对付外行的或是难缠的接线人而浪费自己的时间，点到为止，准确传递出信息就可以了。

建立关系，就必须表达出你的诚意。如果想在几十秒内对从未谋面的陌生人表达出你的诚意，那么你从招呼到谈话，起码要做到有条不紊。

要想成为一个优秀的推销员，在面对客户时，要实行“小学生原则”。就是在每次与客户通话的时候，拿出笔和纸来，对客户谈话的内容进行记录，一副小学生听讲的样子。这样客户就能听出你态度的恳切，最后把大部分的订单给你。这就是人格魅力的作用。

归根结底，能否与接线人站在平等的地位上沟通才是最重要的。电话沟通无非就是对这种关系的调整。从这一点出发，你将永远保持活力，而不是仅仅看重业务的成功与否。

三番五次打同一个电话

避免没有必要的重复劳动，有效利用每一个电话。

营销事典

一名推销员在给潜在客户公司经理的助理打电话。

“您好！我是农研所的。请问是 ×× 药业股份有限公司吗？”

“是的。”

“请问克林来在吗？”

“他不在。”

“那他的电话是多少？”

“×××……”

“谢谢！再见！”

然后，他给克林来先生打电话，但没人接。于是，他又打电话给克林来的助理，询问克林来的手机号。

“不好意思，又打搅你了，请问克林来先生的手机号是……”

“×××……”

“您好，您所拨打的电话已关机。”为了与克林来先生联系上，推销员决定给克林来先生发个电子邮件。电话自然又打进了助理的办公室。

深入分析

在拨打电话之前，一定要准备好必备的材料，这样拨打电话才会有条不紊，才不会出现丢三落四的现象。

“真对不起！没联系上。公司的邮箱是……”

助理冷冷地说：“×××@×××.com”

得到网址后，推销员发现又不知道克林来先生的全名，于是又拨通了助理办公室的电话……

从上例中不难看出，这位推销员犯了电话营销的大忌——多次重拨追加电话，追问遗漏的问题。殊不知这时接线人的态度早已来了个 180° 大转弯，因为你既令他反感，又浪费了他的时间。

更为重要的是，由于你一而再、再而三地追问，接话人会很自然地对你产生戒备心理，后来的气氛还能像先前那样融洽吗？答案当然是绝对不能！

打一次电话后，回过头三番五次地追问遗漏的问题，这也是绝大多数推销员的通病。一听接线人不是我要找的客户，得到客

顶尖诀窍

一个问题绝不要几次回头询问！

户的一些不全面的线索后就匆匆挂断了事，放下电话后才发现自己一无所获或者大多数的问题都没问明白，接着又不得不再打追加电话询问，而这正是电话业务中最忌讳的。

正确做法

打追加电话是由于通话前准备不充分，没有详细地考虑打电话的目的，没有考虑到打电话的过程中可能出现的某些问题的具体应对办法。因此，我们在打电话前要先考虑下面的问题：

1. 把握通话的时间

接线人在参加重要工作会议或特别忙的时候，不要给他们打电话。因为在开会的时候，他接到无关紧要的业务电话，本身就非常反感。如果开会的时候有主管领导在场，他能对你有好态度吗？

2. 把握通话的语气

接线人一般由于职责所限，有一种职业的认真与严肃。工作时，他们习惯在认真严肃的状态下处理问题，认为这是对自己的工作负责，也是对合作方的尊重。

所以，在初次通话时不要使用过于轻松的语气。过于轻松、殷勤的语气会使电话业务显得做作、不成熟，同时还会让接线人觉得你不尊重他，甚至会激怒对方。

妙语点评

我们与别人交流时，都不喜欢一个同样的问题被三番五次地追问。电话推销中亦是如此。时间是宝贵的，每接通一个电话都是一个绝佳的业务机会，许多不留痕迹的刺探机会就出现在这个时候。你打追加电话无疑会把自然而然的谈话机会葬送，既浪费了别人的时间，也降低了自己的效率，还因此让别人对你的印象大打折扣！

3. 把握通话的问题

很多情况下，为找到准客户都得通过接线人。因此，我们在询问准客户的姓名、电话号码、传真号码、时间安排、对方公司的业务资料、家庭住址等时，一定要在同一个电话中问清楚，避免三番五次地打追加电话。

4. 把握通话的内容

电话里，你应该知道哪些应该讲，哪些应该省略。因为有些东西接线人不在乎，也不感兴趣，所以要把握通话的内容：

（1）首先要对接线人的身份有所确定，针对不同的接线人设计不同的应答。

（2）先把你的电话缘由概括成简简单单的一句话，变换不同的角度，多概括几句，然后有收有放地应付不同的接线人。

不善于搜集新的电话名录

没有电话可打的情况是不存在的，这就如同你的业务是没有尽头的。

营销事典

查理坐在办公桌前，无所事事地摆弄着签字笔。他面前的电话静静地躺着，一直没什么动静。维尔刚打完几个业务电话，扭头见他这样，便说："查理，你怎么了？不舒服吗？杰瑞说了，今天得尽快联系更多的客户呢，你联系得如何了？"

“哦，维尔，我还想问你呢。你怎么会有那么多电话呢？要知道，从上个月到现在，我每天都要打不下50个电话，该联系的都联系完了，现在，我真的找不出新的电话去联系了。”

正确做法

要想让你的电话业务不会停滞下来，除了巩固老客户，还要不断地开发新客户。那么新客户从何而来呢？就是要开发你的电话名录，尽可能地去寻找陌生电话，但如何寻找呢？

深入分析

电话营销做到一定程度，往往会有人产生“无电话可打”的困惑。表面看来很有道理，因为客户资源在你手里就是那么多，你曾经花费很多精力积累起来的客户资源在一个又一个电话中慢慢变少。也许经过一段时间，你已经成功地开发了不少固定客户，你的业务也开始走上良性循环之路。但突然间你意识到，除了不断地跟进固定客户，你好像没有更多的新客户可以发掘了。

1. 随时随地交换名片

每个人都要养成随时交换名片的习惯，很多人出门经常不带名片，很多人也不希望拿到客户的名片。一个人如果养成随时随地获取别人名片的习惯，而且养成把自己的名片随时赠给别人的习惯，就一定可以得到很多的各行各业的人士的电话名录。

比如，在一次展会上，你把名片送给别人。

“汉克先生，您好！这是我的名片。”

“噢，不好意思，我没有带名片。”

你应该说：“没关系，非常好，我能有机会得到您亲笔写的名片。”然后拿给他一张你自做的小名片纸，上面有电话、姓名、地址。你就说：“我这张名片纸，请您填好！”你递给他一张名片纸，然后把笔给他，他好不好意思拒绝填写？99% 的人不会拒绝填写他的名字、电话号码。

> **顶尖诀窍**
>
> 客户资源是无穷无尽的，除非你决定退出这个行业。

所以，在遇到对方忘带名片的时候，你只要做一个动作，拿出你早已准备好的名片纸，然后再拿出笔说："请您在这张名片卡上填好。"这样，你不仅获得了一张名片，还是他亲笔书写的名片，而且你可以通过他的字看出他的一些习惯，因为"字如其人"嘛。

客户没有带名片，对我们有没有好处？有好处！因为他可以亲笔给我们现场书写，可以让我们了解更多的信息。万一那个人字写得不太好，怎么办？那你说："我写好不好？"这样，他会说："你写也行！"那你就通过了解他的姓名是哪一个字，然后跟他多说几句话。总之，客户带名片你跟他换名片，不带名片可以让他写。他字写得不太好，你可以代他写。这都非常好，关键是你有一个积极的心态，随时随地去交换名片。

2. 参加专门的研讨会和聚会

你可以想方设法参加一些俱乐部、研讨会、公司会议、朋友的生日聚会、酒会等。参加这些聚会可以结识更多的人，可以交换更多的名片，也可以获得更多的可拨打的陌生电话名录。有的人很有意思，参加了很多聚会，换了很多名片，回到家里往床上一躺，把名片往抽屉里一扔。3 个月之后，"杜克先生是长头发，还是短头发？""瑞思小姐戴眼镜还是没戴眼镜？"记不太清楚了。所以，在任何一个新的聚会上认识的人，一定要在一个礼拜之内跟他联络一次，否则你很难跟他结交成朋友，也很难跟他建立良好的关系。

3. 和竞争对手互换资源

这一点很多人不太理解。举例来说，全球好多的大公司都在进行集团与集团的合并、集团跟集团的收购。收购是在收购资产，还是在收购客户？其实最后还是在积累客户。客户量越多，成本越低，利润就越高。同样一份工作，做的人少了，利润就高了。所以，他们是在交换资源。

4. 善用黄页

每一个城市都有黄页，每一本黄页上面的电话号码都非常多。作为推销员，善用黄页非常重要。

5. 善用查询台查寻

通过查询台，可以查寻到方方面面的电话号码，对推销员来说，使用这种方法既方便又快捷。

6. 通过调查问卷获取电话号码

作调查问卷也是一种获取电话号码的好方法。同样，在电话营销中，也可以为公司的产品作调查，这样既能得到反馈意见，又能获取更多的新的电话号码，何乐而不为呢？

7. 整理专业报纸和杂志

很多公司订阅专业的报刊，这对

妙语点评

电话营销，就是通过电话联系客户，“千里姻缘一线牵”。这就意味着你在巩固老客户的同时还要不断开发新客户，并且每天都要有新的收获。每天打销售电话的目的只是让客户使用我们提供的产品。如果我们不首先接触客户，就不能做到让他来使用我们提供的产品。

打电话是电话销售的开始。为了成功，就要每天必须用至少一个小时的时间打电话，并保证要安排至少一次与客户见面的机会。为了成功，你必须拿起笔在时间安排表中写进“给新客户打电话”这样的字句。你如果这样做了，就会非常重视这项活动，也更可能从中受益。

通常情况下，确保得到新的承诺的最好、最简单而且最可靠的方法是每天至少花一个小时打电话，主动与不认识的人接触。

他们集纳业内资讯非常有帮助。我们订阅越多的报刊，获得的信息就越多、越专业、越有效。

8. 加入专业俱乐部

专业俱乐部可以提供给你最佳的人选和最好的名录。很多人说："我有几千张、上万张名片。"而这并不重要，重要的是这些名片的"质量"怎么样。

9. 查询网络

在网上用搜索引擎可以查到相关的任何讯息。一个善于找寻电话号码的人会主动出击，积极地去寻找方法。

10. 永久性的电话号码簿

你过去曾经丢过电话号码本、电话号码夹、名片夹吗？我们大都有这种经历，所以要养成建立永久性的电话号码簿的习惯。

什么叫永久性的电话号码簿？即把你所有的电话号码都输入到电脑里去，并且复制数份。

纠缠不休

该放手时就放手，以退为进也是一种策略。

营销事典

"杰克先生，你好，我是 ×× 文化公司的凯蒂丝。想起来了吧，我把我最新设计的

> **顶尖诀窍**
>
> 退一步，海阔天空。机会总会有的。

几样礼品展示图送给您看了，我想一定有几个样式您比较喜欢吧？”

“实在对不起，凯蒂丝小姐，我们现在正在削减一切与经营无关的开支，明年再说吧，谢谢你。再见！”

几秒钟后，电话又响了。

“杰克先生，是我，刚才给您打过电话的。展示图您都看过了，当时您不是对5号方案很感兴趣吗？”

“……”电话挂断了。

当有的客户的确不需要你的产品时，你唯一的选择就是礼貌地退出，而不是再浪费时间纠缠下去。如果有的客户需要产品，但现在还没有购买计划，因此一口回绝了你，这时你也最好退下来，即使有些不甘心，也得另选突破口，重新选择时机或找新的话题。千万别纠缠下去，否则必然事与愿违。

这个例子中，客户是经过深思熟虑了，推销员就这个话题再说下去就会引起客户的反感。因此，这时就要暂时放手，不要再作纠缠，否则，很可能再没有接触的余地。

深入分析

多数推销员可能都有这样的经历：找到一位潜在客户就纠缠不休，也不管对方是否愿意购买或者有无购买的必要和计划。有的推销公司甚至把这类客户定为难缠客户，积极鼓励推销员与客户纠缠下去，殊不知这是一个非常错误的做法。

正确做法

一般来说，人们决定从推销员手中买东西不外乎两种原因：一是早在推销员到来之前他们就已经认定该物对自己的重要性；二是推销员的产品引起了他们的兴趣。

对于第一类销售，你应当掌控大部分时间，事实上，这与签订单很相似。或许这期间会有类似价格上的麻烦，但是大多数情况下，这类交易协议对你来说是相对容易的。毕竟你的潜在客户早已经意识到这些问题的存在，你所要做的事情就是要证明你能够解决这些问题。

对于第二类销售，你需要做更多的工作。你的口才，或者更重要的是你倾听的本领要发挥作用。

当你向客户推销时，你必须寻找客户关心的问题。如果这方面的工作做得好，接下来你就要进行强有力的推介了。在推介过程中，你不仅要让客户告诉你他自己认为最重要的需求，而且还应让他与你共同讨论提出解决方案。这样一来，你就再一次下意识地对客户作出了承诺，接下来才是你向客户介绍解决问题、满足其需要的方案。所以，推销员应该做到：

（1）把握客户的现状；

（2）根据不同客户，分析建议重点；

（3）熟知竞争者的状况；

（4）了解客户企业的购买程序；

（5）了解客户的决定习惯。

给你提供一个建议：请你站在对方的角度仔细体会其感受，对于你感觉不舒服的手段和技巧，坚决不用。这样的鉴别方法当然有很大的局限性，也许，你会因此错过一次好机会，不过至少可以避免犯大错误。

任何一种技巧、手段、绝招、话术都有它存在的理由，都有它生存的环境，但绝

妙语点评

电话销售需要技巧和经验。你需要经过多次的磕磕绊绊才能了解它、掌握它，直到最后熟练地运用它。这一切都不是一蹴而就的。而且，如果你还没有掌握倾听客户讲话的艺术，你也不会做到这一点的。要想正确了解客户的需求，就要站在客户的角度去想问题，而不是盲目地纠缠不休，只有这样，才能获得进一步沟通的机会。

不能说凡是存在的都是合理的。

听话不听音

不要因为急躁、大意，忽略了应有的程序。

营销事典

“你好。我是蓝地信息公司的，想推荐有关提高你们广告效果的好方法，我能找你们负责人谈谈吗？”

“哦，和我说就可以。你哪里？”

“我是蓝地信息公司的，我们公司在这个月推出了一个最新业务行动，也就是说，我们可以提供快速的邮件广告服务，在同行中我们是第一个推出这项特效服务的。”

“是吗？”

“不知道负责人明天有没有时间，我想去拜访贵公司，同有关负责人谈一谈。”

“这几天有关负责人没时间。”

“我们只作一个简单的拜访，不会花费太多的时间。”

“这几天我要出差，以后再谈吧，再见。”对方挂断了电话。

上边这个例子中，对方本来有一个暗示，他就是决策者，可这位推销员急于求成，对着话筒口若悬河地讲起来，因过度兴奋而全然不顾对方讲了些什么。这种滔滔不绝的推销方式恐怕没有一个人愿意接受，更何况是工作很忙的决策者，他会当你的忠实听众吗？显然不可能。

> **深入分析**
>
> 常言道："听话听音，交友交心。"在电话推销中又何尝不是如此？假如你在推销时，本以为对方接电话的是位秘书或助理，可却偏偏是你要找的决策人，这本来是一件大好事，可你却听不出来"音"，仍再三恳求要见负责人，想想看吧，你会给对方留下一个怎样的印象。

正确做法

电话营销中，找到你要找的决策人看似简单，其实不然。

确认对方是一种礼貌做法，也是电话营销的前提，这个过程应该力求简单。

你可以这样提问：

"请问您是马丁先生吗？"

"我叫珍妮。请问您就是针织品采购员吗？"

"我想找针织品采购员，您就是吗？"

一般来说，利用电话作初步交涉时，有几点应注意：

1. 先取得对方信任

诚信为立身处世之本。不论在哪一行业都是这样，尤其是在推销这一行业。要想将商品推销出去，最基本的条件就是先取得对方的信任。如果是面对面的接触，客户至少还能凭对推销人员的印象来判断，但是在电话中根本没有一个实体可作判断的依据，只能凭声音来猜测，因此，推销员首先要注意的是，说话的语气要客气，语言应简洁明了，不要让对方有种受压迫的感觉。

> **顶尖诀窍**
>
> 就算一个简单的招呼，也绝不可忽略。

2. 说话速度不宜太快

一般人在电话里说话速度会比面对面交谈快得多，可是对方并不是你的亲朋好友，并不熟悉你的语调和用词。如果你说话速度太快，往往会使对方听不清楚你讲的内容，也容易给对方留下被迫接受你的观点的感觉。

3. 强调“不强迫……”

一般利用电话做初步交涉的主要目的在于取得预约拜访的机会，应当再三强调“只是向您介绍一下保险的意义和作用，绝不强迫您……”，以低姿态达到会面的目的。

4. 多问问题，尽量让客户说话

在面对面接触时，你可以从客户的表情、动作看出客户是否在专心倾听。但在电话交谈中，由于没有判断的依据，你无法推测对方的内心想法。因此，要多问问题，尽量让客户发表意见，才能知道客户的真实想法。

5. 要有耐心，先亲近后洽谈

有时候，可能你拿起电话就出乎意料地撞到了准客户。或者你已经绕过了秘书小姐的盘问，虽然没有获得准客户的姓名，但总机已经直接转到了准客户的办公室。

此时，切记不要因电话进行得太顺利而犯急于求成的毛病，对着话筒口若悬河起来。否则，准客户说了什么、对这次谈话抱什么态度，你都可能会因为过度兴奋而全然不顾。

妙语点评

打电话是一个互相接纳的过程，打电话时间很短，要想在短时间里被接线人（无论他是否是你要找的人）接纳，推销员没两下子是不行的。如果你连对方的姓名都不关心，怎么能被对方接纳并且产生认同，从而进一步约定成交呢？

打断对方的沉默

当对方沉默时，你要给他足够的时间去思考作决定。

营销事典

“迈克先生，您好，我是康克文化公司的爱丽丝，周二早上给您打电话，咱们说好今天把广告的事定下来，您打算做前特版还是彩插版呢？”

“你们这个版面收费太高，我已经打算在别的媒体上做了。”

“太贵了？您是指哪个版位？是封面贵，还是普通版的单面贵？这个价格是根据我们的成本核算出来的，包括编辑制作费用、制版印刷费用、发行服务费用以及15万册的发行费用，这些费用折合到每个版位上，广告费实在不算贵。当然，如果和杂志相比确实贵了点，但是据调查，杂志每期最多发行五六千册，您算一算，五六千册和15万册相比，哪一个效果更好？如果和那些几秒钟转瞬即逝的巨额电视广告相比，这点费用就更微乎其微了。再说了，就咱们企业的实力，这点费用实在不算什么，您说是吧？”

“嗯！这……”迈克在电话另一端欲言又止，随后沉默不语。

“迈克先生，您就别犹豫了，您看您是做彩插还是前特呢？”

“……”迈克又沉默了。

深入分析

其实，客户在电话里的沉默是在暗示“请稍候”，也就是说这个时候爱丽丝应该等待迈克作出决定，然后进行新一轮的游说。爱丽丝第一次打断了迈克的沉思，也算是勉强允许的，迈克第二次陷入沉默，就绝不允许再次被打断。这个时候就要求爱丽丝拿出足够的耐心顶住心理压力，等待迈克作出答复。

“迈克先生，您是知道的，目前有很多客户都想做这个前特，您要是再迟疑的话,就错过后天的版面了。今天是最后一天的小样定稿，您看我现在过去到您那里拿材料，还是……您要是忙的话就交给达丽小姐，我过去取，晚上我就给您送小样过去。”

“爱丽丝小姐，你就别过来了，后天这版我们就不出了。再见！”

常言说得好，“沉默是金”“此时无声胜有声”，电话营销中这一点尤为重要。

正确做法

客户沉默时，不要随意打断，因为此时客户有可能在考虑能否当场成交。

在某种情况下，推销员在请求成交后，客户却在另一头沉默无声。因为电话是两个互相看不见的人在通话，当对方沉默时，推销员会觉得每一秒都非常难挨，往往沉不住气，不能等待客户思考完就将客户的思路打断。你贸然打断他的思路，也就打断了一个明确的答复，致使你的游说节外生枝。

正如有的推销员所说的那样：“对方一沉默，我就像被人用枪顶着，却总也听不见枪响，真比挨一枪还难受。”这就是业务新人常犯的沉默恐惧症。

他们认为沉默意味着缺陷。客户的沉默使推销员感到压抑，他们会很冲动地产生打破沉默的念头。相反，有经验的推销员在敦促到一定程度的时候，会主动沉默，这种沉默是允许的，而且也是受客户欢迎的。

顶尖诀窍

适时地沉默使客户感到放松。

客户开始沉默，相当于打电话时听到的“请稍候”。而推销员在敦促签单的话告一段落之后给予客户沉默的时间，相当于说“您可以通盘考虑再作决定”。沉默的确很令人压抑，有些让人喘不过气，但越是这个时候，越能证明一个业务员的素质和耐力，就算到了快让你发疯的地步，你也要管住自己的嘴。其实，沉默的时间并非像有些耐不住的推销员感受的那样漫长。一般来说，客户在沉默 10 秒最多不超过 20 秒后，他就会开口。在这种情况下，客户说出的大都是实质性的决定。

妙语点评

当客户保持沉默的时候，你不要喋喋不休地惹人烦。当你有足够的耐心等到他开口的时候，你的单他可能就会“买”了。

如果客户表示出马上要考虑的信息，那么现在就给他时间考虑，这总比他说“3 天之后你再来电话”好得多。

关于沉默，这里有个秘密，那就是，当客户沉默的时候，他比你承受的压力要大得多，所以很少有客户的沉默会超过 20 秒。

敦促过急

成交时机的把握很重要，过早过晚都会影响成交的质量与成败。

深入分析

电话业务的主要目的是跟客户定约成交，没有跟客户定下任何约定，也就是一次失败的电话业务。

营销事典

“您好，麦克先生。我是 ×× 装潢公司

的瑞丝。”

“噢！我听出来了。”

“您为了装修办公室曾到我们这里看过沙发。”

“对！对！”

“我上次把报价单给您了，还给您看了样品。我发现您对其中的新型法国皮沙发很感兴趣，是吧？”

“噢！是，谢谢你。”

“但是麦克先生，我想告诉您，您是上个月看的……”

“对。”

“唉，真是计划不如变化快，我打电话是想告诉您，因为这种沙发的原料提价，截止到明天，以后购买这种沙发的价格都要受影响，上调幅度还很大。”

“噢！但是我还没作最后决定。”

“那当然，时间可能来不及了。”

“噢！……”

“我想您还是尽快考虑一下，据说这种沙发一套要提价7%，您看的那款沙发提完价就要多花几千块呢。”

“我知道了，我尽快考虑，尽快决定，没别的事了吧，再见！”

上例中，推销员提请客户采取行动、产生约定的部分表现得后劲不足。在前面她用了限期促销的方法，使客户产生购买的紧迫感，做得很成功，但接下来她没有控制住客户。

在电话里说“我想您还是尽快考虑一下……提完价就要多花几千块呢”，对已经确定想要购买的客户或许有用，但对态度上举棋不定的客户作用就不大，特别是在电话里，效果更差。

正确做法

如果客户的兴趣一直延续下来，接下来就是要求客户行动的阶段了。这里的行动是指从初步的意向探测到与客户建立约定的过程。想促成约定，这时非常关键。你在打电话前如果已经确立了某种约定，那么你一定要有一个充满自信、强而有力的结尾，一定不能有胆怯和缺乏自信的表现。

我们知道，很多企业或公司的采购行为程序很多，得层层审批，未审批完，就算涨价也不可能买。所以，推销员应该在客户说完“但我们还没作最后决定”时，立即抓住机会，要求拜访，并这样说：“是啊，多考虑是应该的，不过时间可能来不及了。我怕您买时会多花很多冤枉钱，要不我现在马上过去，跟您解释一下额外的花费，或者跟您商量商量其他种类，这样您心里有数了，在跟单位领导作决定的时候，也不会在价格、品种上有什么出入。不然等开会定好了，可买的时候又不是那个价了，会让大家都很泄气，您说是吧？您方便吗？我现在就可以到您那里去一趟。”

> **妙语点评**
>
> 电话推销的时候，运用敦促的方法可以使你直接地知道对方的购买心理，还可以避免双方因其他问题而陷入谈判困境。使用好敦促手法，对推销员、对客户都是十分重要的。

在电话营销业务中，如果你能准确地把握住时机，就可能获得巨大的利益。然而，如何把握住时机呢？

1. 要有敏锐的观察力

锻炼敏锐的观察力可以帮助你捕捉时机。在业余时间里做一些智力测试，做完后

> **顶尖诀窍**
>
> 敦促得当，马到成功。

要多思考。在打电话的时候，要让自己的思路灵活些，并要不断地在实践中摸索捕捉时机的技巧。

2. 要清楚成交时机，一口气成交

当客户再次询问样品、说明书、广告等的时候；声音开始活跃，态度更加友好，电话里不时传出笑声的时候；询问交货时间、交货方式的时候；具体提出产品价格问题，打听新旧产品的比价、与竞争对手的比价等的时候；对产品质量及产品加工提出具体要求的时候；询问产品如何维护、保养等时候；客户关心销售后的服务问题的时候；客户突然不发问若有所思的时候；客户反复问同一问题的时候——这些都是你把握成交的最好时机。

预约失败

预约并不是简单的电话约定，而是一场“攻心战”。

营销事典

> **深入分析**
>
> 要避免预约失败，先在开场白上下功夫。

案例一：

“丹尼斯先生吗？您好！我叫约翰，是威尔公司业务代表。您是成功人士，我想向您介绍……”

丹尼斯说：“对不起，约翰先生。您过誉了，我正忙，对此不感兴趣。”说着就挂断了电话。

约翰放下电话,接着又打了半个小时,每次和客户刚讲上三两句,客户就挂断了电话。约翰心情开始低落,"上帝啊,怎么没有一个人肯听我往下说呢?"

案例二:

"戴维先生,您好!"

"哪里?"

"我是科龙自动化控制公司的,我们公司能为用户提供一整套开源节流的推荐计划。"

"具体是什么事?"

"我们愿意对贵公司目前的财务状况作一个调查,并告诉您如何运用我们的'排列控制管理法'来盘活你们库存资金的20%。"

"哦,是这样。"

"但是,在您得到这项服务之前,我们要收取400元的预付金,可是从给你们带来的效益看,可不是用几个400元可以计算的。我想我们最好约个时间当面谈谈,您看……"

"对不起,您说的这件事目前我们还不感兴趣,再见。"

电话营销中,客户说"不"的比例是相当高的。很可能你打了10个电话,有9个都是说"不"。有些推销员经不起客户一而再、再而三地说"不",开始心灰意冷,觉得电话真难打,真不想再干下去了,有的人甚至因此而退却。当面对客户的拒绝时,一定要把自己的心态调整好,即使无法说服客户也要告诉自己,客户拒绝的不是我,只是这个产品暂时不在他的选择范围内,这样就会避免太多的受挫感。

很多情况下,预约失败最主要的原因在你的开场白上。

开场白要达到的主要目标就是吸引对方的注意，引起他的兴趣，以使他乐于与你在电话中继续交流。所以，在开场白中陈述价值就显得很重要。所谓价值，就是要让客户明白你在某些方面是可以帮助他的。研究发现，再没有比价值更能吸引客户的注意力的了。陈述价值并不是一件容易的事情，你不仅要对你所销售的产品或服务的普遍价值有所研究，还要研究它对于具体客户而言价值在哪里，因为同一产品和服务对不同的人，价值体现是不同的。

“案例一”中，首先，约翰没有说明来意，其实他是为会面而打电话的。其次，捧场话讲得太夸张，开口便给对方戴了个“成功人士”的大高帽，对方会立刻产生一种反感。和陌生人交谈，太露骨的奉承会让人觉得你是刻意推销，也容易给人急功近利的感觉。

最后一点也是最重要的，约翰没有提出见面要求，却试图在电话中介绍产品。电话是方便我们约见客户的。你要介绍产品，见面是最佳途径。隔着电话线，有些事是说不透的。

“案例二”中，我们可以看出，客户并不了解推销员及产品的状况，推销员也未向客户送过一份有关该项服务的说明。也就是说，对客户来说，这项服务在感性认识或理性认识上都还不存在。这是，推销员就贸然说出什么“盘活资金”的话，让客户感觉“你在说我们的经营管理很差”或者“你们的经营管理比我们更有效，更节省成本，我应该接受你们的指点”。在时机不到时就这样说，很容易给别人以“居高临下”的感觉，让人听完之后有种受辱感。如果非要说，也应该说得圆滑点。比如：“有许多客户，他们都愿

顶尖诀窍

拒绝并不是结束，反而常常是成功的开始！

意花一些时间和精力用我们提供的‘排列方案’整理他们的库存，然后让滞留资金顺利地流通起来。钱嘛，正像您知道的，如果不发挥作用就没有价值。”

另外一点，就是“在您得到这项服务之前，我们要收取400元的预付金，可是从给你们带来的效益看，可不是用几个400元可以计算的”这句话更显唐突，有一定经验的人会把这种做法看作变相宰人。不恰当的时候说不该说的话，是“案例二”中预约失败的主要原因。

正确做法

在推销的过程中，如果你无法克服客户的抵抗及反对，就将被客户彻底击溃。然而，在商场上，商谈是利用抵抗的过程前进的。处理拒绝的重点有两条：

1. 了解处理拒绝的原则

反对意见乃是订购的前兆，处理反对意见的巧拙能产生天壤之别的结果。

（1）以诚实来对待。

不是真心诚意的话语没有力量，它是无法说服反对的客户的。对于处理反对意见而言，诚实乃是最重要的条件。

（2）在语言上赋以权威感。

对商品要有充分的认识，并确信其优秀品质，这样就会在语言上自然具备了权威，说服力也会表现出来。

（3）不要作议论。

不要对客户的反对意见完全否定或作议论，因为不管是否在辩论上获胜，都会对客户的自尊造成伤害，如此要成功地商洽是不可能的。

（4）先预测反对。

在商洽场合中，若是使用慌张又语无伦次的回答方式是非常糟糕的，应在事前先作反对的预测，研究处理的方法或应对话术。

（5）作新鲜的应对。

客户之所以反对，一定有其原因，特别是在技术革新异常迅速的今天，陈旧的说明是无法应对客户的反对的。收集最新的消息或资料，以提供对客户有利的讯息。

2. 拒绝的应对技巧

所谓的推销员，就是能得心应手地处理客户的拒绝的专家。

（1）直接法。

将计就计地利用拒绝，例如对于“没有预算，买不起”的拒绝，可用“所以才要您买这个商品，以增加贵公司的销售额”的方法，若加上其他公司的成功例子更有效果。不要逃避拒绝，推销是由被拒绝开始的。

（2）逆转法。

仔细听对方说明，然后逆转地说:“虽说如此，但是却有很多的利用之处哦！”仔细考虑其反对的真意，将反对当作质疑，认真应答。

（3）区别法。

对客户的拒绝，仔细作说明，令其接受。例如对于“因为价格相同”，可说明:“我们会尽力做售后服务，请放心。”举出其他同行公司所没有的优点，使其接受。

（4）迂回法。

暂时不管其拒绝，而讨论别的话题。运用这种方法时，推销员要有丰富的商品知识，并对商品及自己有自信。

（5）追问法。

对客户的反对，反问："何故呢？""为什么？"以客户叙说的理由为中心说服他，只是不可以变成逼问的语调。这要求推销员平时便要考虑应对话术，对每个反对理由做到心中有数。

下面列举几种应对实例：

（1）如果客户说："我没时间！"那么你就应该说："我理解。我也老是时间不够用。不过只要 3 分钟您就会相信，这是个对您绝对重要的议题……"

（2）如果客户说："我现在没空！"那么你就应该说："先生，美国富豪洛克菲勒说过，每个月花一天时间在钱上好好盘算，要比整整 30 天都工作来得重要！我们只要花 25 分钟的时间！麻烦您定个日子，选个您方便的时间！我星期一和星期二都会在贵公司附近，所以可以在星期一上午或者星期二下午来拜访您一下！"

（3）如果客户说："我没兴趣。"那么您就应该说："是，我完全理解，对一个谈不上感兴趣或者手上没有什么资料的事情，您当然不可能立刻产生兴趣，有疑虑有问题是十分合理自然的。让我为您解说一下吧，星期几合适呢？……"

（4）如果客户说："我没兴趣参加！"那么你就应该说："我非常理解，先生，让您对不知道有什么好处的东西感兴趣实在是强人所难。正因为如此，我才想向您亲自报告或说明。星期一或者星期二过来看您，行吗？"

（5）如果客户说："请你把资料寄过来给我怎么样？"那么你就应该说："先生，我们的资料都是精心设计的纲要和草案，必须配合人员的说明，而且要对每一位客户分别按个人情况再做修订，等于是量体裁衣。所以，最好是我星期一或者星期二过来看您。您看上午还是下午比较好？"

（6）如果客户说："抱歉，我没有钱！"那么你就应该说："先生，我知道只有您才最了解自己的财务状况。不过，现在赶紧作个全盘规划，对将来才会最有利！我可以在星期一或者星期二过来拜访吗？"或者是说："我了解。要什么有什么的人毕竟不多，正因如此，我们现在开始选一种方法，用最少的资金创造最大的利润，这不是对未来的最好保障吗？在这方面，我愿意贡献一己之力。可不可以下星期三或者周末来拜见您呢？"

（7）如果客户说："目前我们还无法确定业务发展会如何。"那么你就应该说："先生，我们正在策划这项业务日后的发展，您先参考一下，看看我们的供货方案优点在哪里，是不是可行。我星期一过来，还是星期二比较好？"

妙语点评

电话销售的开场白话术就像一本书的书名或报纸的大标题一样，如果使用得当的话，可以立刻使对方产生好奇心并想一探究竟。反之，则会使人觉得索然无味，不再想继续听下去。

（8）如果客户说："要作决定的话，我得先跟合伙人谈谈！"那么你就应该说："我完全理解，先生，我们什么时候可以跟您的合伙人一起谈？"

（9）如果客户说："我们会再跟你联络！"那么你就应该说："先生，也许您目前不会有什么太大的意愿，不过，我还是很乐意让您了解，要是能参与这项业务，对您会大有益处！”

（10）如果客户说：“说来说去，还是要推销东西。”那么你就应该说：“我当然是很想推销东西给您了，不过只有让您觉得这个东西是值得您期望的，我才会卖给你。有关这一点，我们要不要一起讨论讨论？下星期一我来看您？还是您觉我星期五过来比较好？”

（11）如果客户说：“我要先好好想想。”那么你就应该说：“先生，其实相关的重点我们不是已经讨论过了吗？容我直率地问一问：您顾虑的是什么？”

（12）如果客户说：“我再考虑考虑，下星期给你电话！”那么你就应该说：“欢迎您来电话，先生，您看这样会不会更简单些？我星期三下午晚一点的时候给您打电话，还是您觉得星期四上午比较好？”

（13）如果客户说：“我要先跟我太太商量一下！”那么你就应该说：“好，先生，我理解。可不可以约夫人一起来谈谈？约在这个周末，或者您喜欢的哪一天？”

类似的拒绝自然还有很多，我们肯定无法一一列举出来，但是，处理的方法其实还是一样，就是要把拒绝转化为肯定，让客户拒绝的意愿动摇，推销员再乘机跟进，诱使客户接受自己的建议。

分散客户的注意力

你给客户传达一种信息，客户就会记住，但如果你传达的信息非常杂乱，客户可能一种也记不住。

营销事典

“您好，丹尼斯先生，我们是××邮件广告速递公司，我叫杰瑞。”“什么事？”

“我们公司机关报推出一种邮件广告速递业务，可以很经济地帮您得到大投入广告才能得到的回报。我想您一定感兴趣。”

“噢。”

“这个业务是这样，我们公司有一流的书信广告专家，可以根据您的产品制作引人入胜的书信广告信件。并且我们熟悉本地区各类产品的市场流向，所以可以为您按准确的客户地址向其发函。您看，这是一个既经济又有效的广告方式。”

“哦，是这样。”

“如果您感兴趣，我们既可以采取函递宣传的方法为您服务，也可以为您制作所需要的各式招贴广告画。我这里有关于广告招贴价目的说明，可以给您寄一份，敬请留意。”

“哦，寄一份可以。”

“那好，我们的价目将在下星期一之前，也就是这个月27号之前寄到您的公司。您看了价目之后如果有兴趣，我再给您来电话。我会在下星期二的上午给您打电话，或者到时候我们再约个时间。好吗？”

“好的。”

“如果您方便，您给我来电也可以，我的电话是××××××，您记下了吗？”

“记下了，好吧，再见。”

“再见。”

深入分析

案例中，推销员一会儿说函递宣传业务，一会儿又说招贴广告画，好像太多的信息传达不了似的，总想要尽量多地把业务介绍给客户。而且思路不清晰，先前说自己给客户打电话，到后来又变成了让客户给他打电话。

到底是函递广告，还是广告招贴？到底是在下星期二上午我给你打，还是另约时间，或是干脆你给我打？让客户选择哪一种呢？无所适从。究竟客户会选哪一种？很可能他会因一头雾水什么也不选取，因为他什么也没记住。

顶尖诀窍

电话推销时要专注于一点，而不是扩展到各个面。

如同在商场里挑选物品，如果只有一件，我们购买起来可能会非常迅速，但是如果两种相同的物品让我们进行选择，最终我们可能一件也没买，为什么呢？因为挑花了眼。这就是人性的特点。推销也是这样。分散客户的注意力是电话推销中的禁忌。因此，向客户推销时，要集中精力向一个目标突破，目标多了，到头来一个也攻不下。这个例子里，那位推销员就犯了这样的毛病。

正确做法：

如何将客户的注意力专注于某一点呢？

1. 确定好每一次推销的目标

推销准备阶段的要务之一就是定出目标。推销目标的确定，需要在推销的准备阶段搜集与推销目标相关的技术与价格资料，同时了解对方的态度和可能发展的趋势。

因此，准备阶段中，确定目标决定整个推销成败的关键。在你坐到谈判桌之前，那些你所做的以及没做的，就已经决定了你在推销中的表现。

2. 在电话中把观点表述清楚

（1）重点内容多重述几遍。

电话交谈一般需要 2~3 分钟时间，有时可能还会更长一些。别看交谈时间有限，但传达的信息却很多，如果不靠文字或录音记录，仅靠记忆是很难记住的，因此便经常会出现推销员因记错信息而把重要的内容传错的情况。为了避免这种情况，有一个可行之计，那就是对重要的内容要反复重复多次，当然这种重复一定要适当适时，切不可让客户感觉你太啰唆。

> **妙语点评**
>
> 在有限的时间里亮出你的底牌，明确你的推销目的才是最重要的。信息再多，但客户需要的有限。就像在这个信息时代里，面对铺天盖地而来的信息，我们只选择自己感兴趣，对自己的生活、学习、工作有价值的一部分，多余的部分可以忽略。如果我们不加分析就全盘接收，很可能什么也得不到。电话营销亦如此，让你的客户把注意力集中于一个问题，而不是N个问题！

譬如，某公司在征用兼职人员时，由于工作时间的不同，对工作人员的要求以及所付薪酬自然有所差别，所以当应征者以电话征询时，工作人员就要小心谨慎地给对方以正确的讯息。先要探求和确认一下对方希望的时间，再告诉对方上班的时间和薪资的计算方法等重点。如此反复重申，就可以避免彼此的失误。

（2）注意谈话内容的顺序。

为了既节省时间又使说话有条不紊，就必须注意谈话内容的顺序，同时这也是谈话的一种重要技巧。

我们常说打电话要速度快、内容清，这看起来似乎有些矛盾，其实不然，如果你谈话的内容有顺序，就一定能达到这个效果。

那么怎样做才能使谈话内容有顺序呢？应在电话中与对方寒暄一阵之后紧接着马上说明主题，即一开始就让对方知道事情的概要，然后再逐一详述。技巧较拙劣者可能在一开始就闲扯一大堆，这不仅会让对方摸不着头脑，而且整个电话内容也会变成绕圈子和冗长的对话了。

一般而言，正确的通话顺序如下：先说明重要的事情，再补充说明，最后重复一次重要事项。如此井然有序、平和自然地表达，不仅可让对方一听即知，重要的是会在对方心中留下好印象。

图书在版编目（CIP）数据

别输在不懂营销上 / 戈非著. -- 北京 : 线装书局, 2018.3

ISBN 978-7-5120-3049-7

Ⅰ. ①别… Ⅱ. ①戈… Ⅲ. ①营销—通俗读物 Ⅳ. ①F713.3-49

中国版本图书馆 CIP 数据核字（2017）第 312514 号

别输在不懂营销上

著　　者： 戈　非
责任编辑： 赵　鹰
出版发行： 线装书局
地　址：北京市丰台区方庄日月天地大厦 B 座 17 层（100078）
电　话：010-58077126（发行部）010-58076938（总编室）
网　址：www.zgxzsj.com
经　　销： 新华书店
印　　制： 三河市中晟雅豪印务有限公司
开　　本： 880mm×1230mm　1/32
印　　张： 8.5
字　　数： 189 千字
版　　次： 2018 年 3 月第 1 版第 1 次印刷
印　　数： 0001—5000 册

线装书局官方微信

定　　价： 32.00 元

别输在不懂营销上

本书按照推销的进程来安排顺序，从塑造推销员的基本素质说开去，将接近客户、寻找和开发客户、产品介绍、说服沟通、再次拜访和持续销售、缔结合同、客户服务、营销策略等每一个环节中最可能犯的错误毫无遗漏地展示给读者，使推销人员在推销的各个环节中都能够避免此类错误。

别输在不懂营销上

策 划 人 | 侯海博
著　　者 | 戈　非
责任编辑 | 赵　鹰
封面设计 | 李艾红
特约编辑 | 王　鹏
美术编辑 | 武有菊

你的营销生涯是从你一次又一次拜访客户开始的，所以，现在就带着自信、带着策略去见客户吧！

营销是一个需要不断创新的行业，因此，对于书中的策略，要以适用性为原则去操作。